D1923684

Faszination
Weltwunder

Faszination Weltwunder

Geheimnisvolle Bauwerke und Monumente

Anke Fischer

EDITION XXL

© Paramount Publishing
Germany 2001

Genehmigte Lizenzausgabe
EDITION XXL GmbH
Reichelsheim, 2001

Text: Anke Fischer-Reymers
Produktion: Rex Produktion, München

ISBN 3-89736-309-7

BILDNACHWEIS

Philip Baird, Anthroarcheart: 80, 81 o./u., 82 o./u., 83 u., 116 r.
Martyn Benge: 11 r., 149
Biosphere: 178 o./u., 179, 180 o./u., 181
Burj Al Arab: 182, 183, 184, 185 o./u.
D. Diercks: 20, 83 o., 84 o., 116 l., 117 o./u., 143 u., 145 u.r., 173 o./u.
Döring: 161
Johann Erben: 22 o./u., 23 l., 24, 29, 31 u.r. /l., 74, 77 o./u., 78 o., 79, 111, 112 o./u., 113 o./u., 153
ESA/D. Ducros: 186, 187, 188 o./u., 189, 190, 191
Anke Fischer: 11 o., 51, 55, 145 o./u.l., 163, 166, 168 r./l.
Lotos Film: 12, 14 r., 15 r., 17 l./r., 18, 19 u., 21, 23 r., 25, 26 r./l., 27, 32, 35, 36 o./u., 37 o./u., 40 u., 41 u., 42, 43, 46, 48, 54, 56, 58, 59 r./l., 62, 66, 69 r., 92, 93 l., 94, 95 u., 96, 97, 98 u., 107, 109, 140 o./u., 141 o./u., 150, 151, 156 u.
Antiquariat R. Mehrdorf: 14 l., 28, 31 o., 38, 40 o., 41 o., 44, 45, 47 o., 68, 75, 76, 99, 101, 102, 104, 105, 115, 119, 123, 126, 129, 130, 132, 138, 139, 142 o., 152, 155, 158, 159 o., 160, 162, 164
Gerolf Nießner: 5, 50 o., 86, 87, 88, 89, 98 l., 100 o., 103, 127, 128 o., 144 o., 156 o.
Karsten Rau: 120 M./o., 121, 192
Dieter Rex: 134, 135, 137 u., 174, 175 o., 176, 177
Birgit Rupprecht- Stroell: 71, 72 l., 106, 108, 110 o./u., 136, 137 o., 146, 147, 148 o./u.
Frank Teichmann: 47 u., 49, 53
Harald Tragmann: 72 r., 73 o. /u.
UNESCO: 30 o./u., 118, 120 u., 122, 124, 125

Zeichnungen:
Eckard Freytag: 8, 14 o., 15 o., 16, 32, 33, 57, 61, 64, 67, 70, 90, 91, 93 o.r./u.r.

Inhalt

DIE GROSSEN WELTWUNDER DER ERDE

Herausragende architektonische Bauleistungen versetzten die Menschen seit jeher in Erstaunen. In ihrer Ehrfurcht vor den gewaltigen Bauwerken sprechen sie deshalb von Wundern. Und „wundersam“ erscheinen viele der antiken, klassischen und modernen Bauten tatsächlich. Allen voran die berühmten sieben Weltwunder der Antike: Die Pyramiden von Giseh, die Hängenden Gärten von Babylon, der Artemistempel in Ephesos, die Zeusstatue in Olympia, das Mausoleum in Harlikarnass, der Koloss von Rhodos und der Pharos von Alexandria. Die Geschichten und Mythen, die sich um die Errichtung ranken, verschlagen noch heute den Zuhörenden den Atem: Zwanzig Jahre bauten tausende Menschen an den großen Pyramiden in der Wüste. Der Koloss von Rhodos markierte als gigantische Statue die Hafeneinfahrt der Insel Rhodos und war bis weit auf das Meer hinaus zu sehen. Und bis in unsere Tage wird jedes besondere Grabmal als Mausoleum bezeichnet, so wie der Totenbau des Königs Mausolos. Von allen grandiosen Bauwerken in der Antike – und davon gab es reichlich – wurden diese sieben als „Wunder“ ausgewählt.
Warum sie und warum sieben?
Die Zahl Sieben gilt seit jeher als magische Zahl: Sieben Tage hat die Woche, am siebten Tag ruhte sich Gott aus, der biblische Leuchter besitzt sieben Arme, sieben Sakramente kennt die katholische Kirche. Die Griechen lassen Theseus sieben Taten vollbringen und sieben Helden gegen das siebentorige Theben ziehen. Unter den Anhängern des Philosophen Pythagoras, der den Kosmos nach Zahlen ordnete, gilt die Sieben als allerheiligste Zahl, da sie sich aus den vier Elementen und der göttlichen Dreieinigkeit zusammensetzt. Was liegt also näher, als sieben Wunderwerke auszuwählen? Aus der Verehrung der Göttinnen und Götter

„Ihre Entstehung verdanken die Meisterwerke dem Genie, ihre Vollendung dem Fleiß.“
Joseph Joubert

entstanden die meisten dieser großen Bauwerke, aber auch aus dem Bedürfnis heraus, unsterbliche Zeugen und Spuren der eigenen Geschichte zu hinterlassen. Die wichtigsten und angesehensten „Weltwunder" wählte vermutlich eine elitäre Runde aus griechischen Wissenschaftlern und Reisenden aus. Die Liste aus dem 2. Jahrhundert v.u.Z. verweist auf die bekannten Bauten, jedoch anstatt des Pharos von Alexandria findet Babylon mit seinen Mauern zweimal Eingang in die Anthologie. Erst im 6. Jahrhundert wird der Vater aller Leuchttürme aufgenommen. Auch das ägyptische Theben, das Kolosseum und die Hagia Sophia gehörten zuweilen in die Riege der Weltwunder.

Heute ließe sich die Reihe ins Hundertfache ausdehnen. Die Welterbeliste der UNESCO umfasst 529 Kulturdenkmäler in 122 Ländern der Erde. Sie alle sind Zeugnisse vergangener Kulturen in ihrer Einzigartigkeit, Größe und Schönheit. Von all diesen können wir hier nur einen Teil vorstellen. Vom 5000 Jahre alten Stonehenge über die ägyptischen Bauten vor 3500 Jahren bis zum Kolosseum zu Beginn unserer Zeitrechnung, von den fantastischen mittelamerikanischen Städten und Pyramiden, den verzierten asiatischen Tempeln bis zur indischen Mogulzeit des Tadsch Mahal erzählen die Bauwerke ungewöhnliche Geschichten über Meisterleistungen der Kunst und Architektur.
Doch auch seit dem zwanzigsten Jahrhundert zeugen zahlreiche Wunderwerke von der menschlichen Genialität, egal ob es sich um die höchsten Häuser und Türme der Welt oder um das teuerste Hotel aller Zeiten handelt. Beenden wird die Liste der Weltwunder eine Vision, die Wirklichkeit wurde: Die Internationale Raumstation ISS umkreist heute als größte Struktur im Weltraum unsere Erde und gehört damit zu den architektonischen Superlativen des 21. Jahrhunderts – in unsere Zeit.

In den ursprünglichen Grabenring stellten die Menschen über mehrere Bauphasen hinweg etwa 30 Steinpfeiler.
Das Baumaterial kam aus großen Entfernungen, zum Teil sogar aus dem westlichen Wales. Für den Transport standen nur primitive Holzrollen und spezielle Hebeltechniken zur Verfügung.

Mystische Steinkreise aus der Frühzeit

Vor etwa 5000 Jahren errichteten die Menschen, die in der Ebene von Salisbury in Südengland lebten, einen gewaltigen Steinkreis, der bis heute in seinen ursprünglichen Ausmaßen erhalten blieb. Über 1500 Jahre lang schafften die Bewohner Steine aus hunderten Kilometern Entfernung an jenen magischen Ort. Doch die genaue Bestimmung des Monuments stellt noch heute Wissenschaftler und Archäologen vor ein Rätsel. Diente der Steinkreis als Sternwarte? Oder als Opferstätte? Wurden hier rituelle Kulthandlungen vollzogen, die uns völlig unbekannt sind?
Die megalithische Kultbaukunst erblühte zu dieser Zeit in mehreren Zentren Europas und hinterließ mehr als tausend Kulturdenkmäler. In Malta stehen mehrkreisige Tempel, in Frankreich Megalithengräber und in der Bretagne Steinmonumente – doch nirgendwo findet sich ein derart mystischer Bau wie in Stonehenge.

ALTER: etwa 5000 Jahre
ZWECK: Vorhersage von Finsternissen und kultische Rituale
HÖHE: bis zu 6 Meter

SANDSTEINQUADER UND MYSTISCHE KREISE

Vor etwa 5000 Jahren wählten die steinzeitlichen Menschen im Süden Englands die Ebene nahe Salisbury aus, um hier eine Anlage mit einem Durchmesser von 113 Meter zu errichten. Anfangs bestand diese vermutlich aus Gräben und Kreisen, in die später tonnenschwere Sandsteinmegalithen gestellt wurden. Die riesigen Steine bearbeiteten die Menschen bereits im Steinbruch, behauten sie zu Quadern und transportierten die bis zu 26 Tonnen schweren Kolosse über primitive Holzrollen bis zu 300 Kilometer weit. Warum es unbedingt Sandstein aus einem weit entfernten Steinbruch sein musste, kann heute nicht mehr geklärt werden. Fest steht, dass die Menschen damals eine ungeheuere Leistung vollbrachten. Die Anlage selbst unterliegt einem genauen Plan – und sie setzte astronomische Kenntnisse voraus. Etwas außerhalb steht der älteste Stein, der Heel Stone oder Fersenstein. Am 21. Juni, dem Tag der Sommersonnenwende, geht über ihm die Sonne auf. Zwei bläuliche Findlinge markierten den Eingang. Von ihnen führt eine Straße in das Innere der durch Gräben markierten Kultstätte. Erst 1500 Jahre später wurden die Sandsteinquader aufgestellt. Sie bilden zwei Kreise mit etwa 30 Metern Durchmesser. Auf den äußeren Steinen liegen Megalithen und bilden eine Art Dach. Im Inneren stehen große, torähnliche Gebilde, so genannte Trilithe, und ein Altarstein. Über die Kulthandlungen, die hier vollzogen wurden, kann spekuliert werden. Bisher fanden die Forscherinnen und Forscher nur Gruben mit Resten von Asche und menschlichen Knochen.

Die konzentrischen Steinkreise von Stonehenge stammen aus der späten Jungsteinzeit und älteren Bronzezeit und setzten astronomisches Wissen ihrer Erbauerinnen und Erbauer voraus.

Der äußere Ring besteht aus 30 erhaltenen, etwa vier Meter hohen Steinpfeilern, die durch Decksteine zu torartigen Gebilden verbunden werden. Im Inneren Kreis bilden fünf riesige, torartige Trilithen eine hufeisenförmige Form.

Entdeckung und Bestimmung

Frühgeschichtliche Bauten lagen oftmals tausende Jahre lang unter Schichten und Ablagerungen verborgen, bis sich die Archäologie dafür interessierte. Bis dahin hatte nicht nur die Zeit ihre Spuren hinterlassen, sondern auch mutwillige Zerstörungen, anderweitige Nutzung oder unwissenschaftlich betriebene Nachforschungen zahlreiche Schäden angerichtet. Erst im 17. Jahrhundert entdeckte ein Altertumsforscher in Stonehenge verschiedene Gruben mit menschlichen Ascheresten und Menhirsteinen. Die erste wissenschaftliche Ausgrabung begann dort im Jahre 1901 und wurde 1919 fortgesetzt. Mithilfe der Radiokarbonmessung konnte das Alter der Megalithen bestimmt werden, von denen die ältesten bereits vor etwa 6000 Jahren in einigen Kultanlagen Europas standen.

Wallanlage in Sachsen

Eine weit ältere magische Wallanlage entdeckten Kartografen bei Luftaufnahmen im sächsischen Kyhna. Etwa 5000 Jahre v. u. Z., also 2000 Jahre vor Stonehenge, errichteten hier Menschen einen Kultplatz, der nicht mit Steinen, sondern mit Holzpfählen die Anlage markierte. Die Fotos aus der Luft ließen vier durchbrochene Kreise in einem Getreidefeld erkennen. Bei näherer Betrachtung zeigte sich, dass die Ähren im Kreis Verfärbungen aufwiesen und höher wuchsen als die restlichen Getreidepflanzen auf dem Feld. Den Grund dafür fanden die Wissenschaftler in der Bodenbeschaffenheit: Die Erde war an diesen Stellen deutlich feuchter als in der Umgebung. Die flachen Gräben bilden vier ineinander liegende Kreise, die nur aus der Luft erkennbar sind. Vier Tore innerhalb der Kreise öffnen sich nach Nordost, Südost, Nordwest und Südwest. Wahrscheinlich diente die Wallanlage als Sternwarte und Kultplatz. Dass heute davon nichts mehr übrig ist, liegt vermutlich daran, dass die Holzpfähle schon vor Jahrhunderten verrotteten. Einen großen Bronzefund mit Schmuckstücken, Speerspitzen und Dolchen fanden die Archäologen in der Nähe. Damit könnte erwiesen sein, dass die Anlage bis zur Bronzezeit als Treffpunkt diente.

Tempel auf Malta und Gozo

Von megalithischer Baukunst zeugen die Tempelanlagen auf Malta und Gozo. Mehrere Steinringe bilden ovale Kultstätten, in denen Anbetungen der Sonne oder einer

Muttergöttin stattfanden. Vielerorts stehen auch Opfersteine und steinerne Schalen, in denen sich das Blut geschlachteter Tiere sammeln konnte. Einige Tempel sind bereits über 6000 Jahre alt und gelten damit als älteste freistehende Denkmäler weltweit.

Zur selben Zeit wie in Stonehenge wurden in der französischen Bretagne Menhire (links) aufgestellt, die im Gegensatz zu Stonehenge nicht behauen sind.
Auch in Malta (links oben) dienten die kreisförmigen Steinanlagen astronomischen Berechnungen und kultischen Handlungen.

Monumentale Ruhe strahlt die Bewacherin der Gräber, die Sphinx, aus. Die Mischgestalt aus Löwenkörper mit Menschenkopf gilt als Verkörperung der Königsmacht. Kamele (rechts) sind das wichtigste Transporttier in der Wüste.

Gräber für Götter: Die Pyramiden von Giseh

Unweit des Nils im Nordosten Afrikas erheben sich die größten Pyramiden der Welt. Vor mehr als 4500 Jahren wurden sie über mehrere Jahrzehnte errichtet, um den gottgleichen Pharaonen als monumentale Gräber zu dienen. Mit reiner Muskelkraft erbauten tausende Menschen auch die größte der Pyramiden, die damals etwa 146 Meter hohe Cheops-Pyramide, das einzige erhaltene antike Weltwunder, das noch heute durch seine geometrische Exaktheit Erstaunen hervorruft.

Alter: etwa 4500 Jahre
Zweck: Grabmonumente für Pharaonen
Grösse: Cheopspyramide bis 146 Meter hoch, 230 Meter Seitenlänge, 2 Millionen Steinblöcke

„Vor den Pyramiden ist die Sphinx, die wahrscheinlich mehr als bewundert wird. Sie beeindruckt einmal durch ihre Stille und Ruhe.“

Pliny, der Ältere, 1. Jahrhundert

Zehn Kilometer von Kairo entfernt erstreckt sich die Grabanlage (rechts) der ägyptischen Pharaonen. Neben den drei Pyramiden des Cheops, des Chefren und des Mykerinos befinden sich die weitaus kleineren Grabmäler der Königinnen.

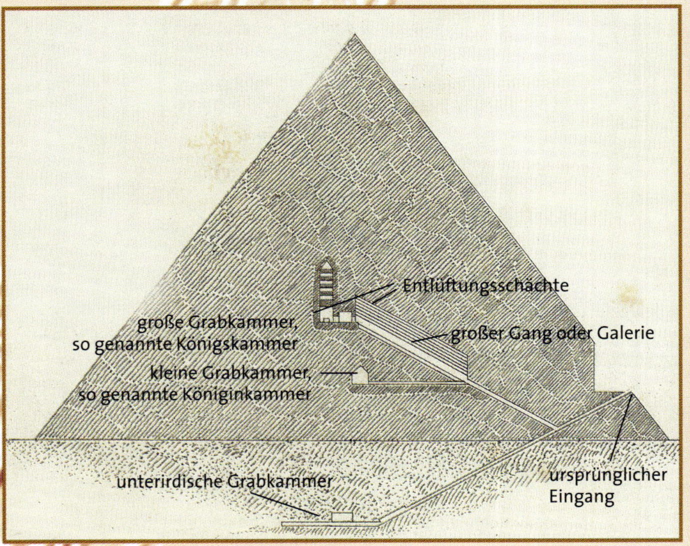

Den Eingang (rechts) in die Pyramide stützt ein Giebeldach. Steine machten den Eingang unsichtbar. Im Nord-Süd-Schnitt (oben links) zeigt sich das System aus spitz zulaufenden Gängen und mehreren Kammern im Inneren der Pyramide.

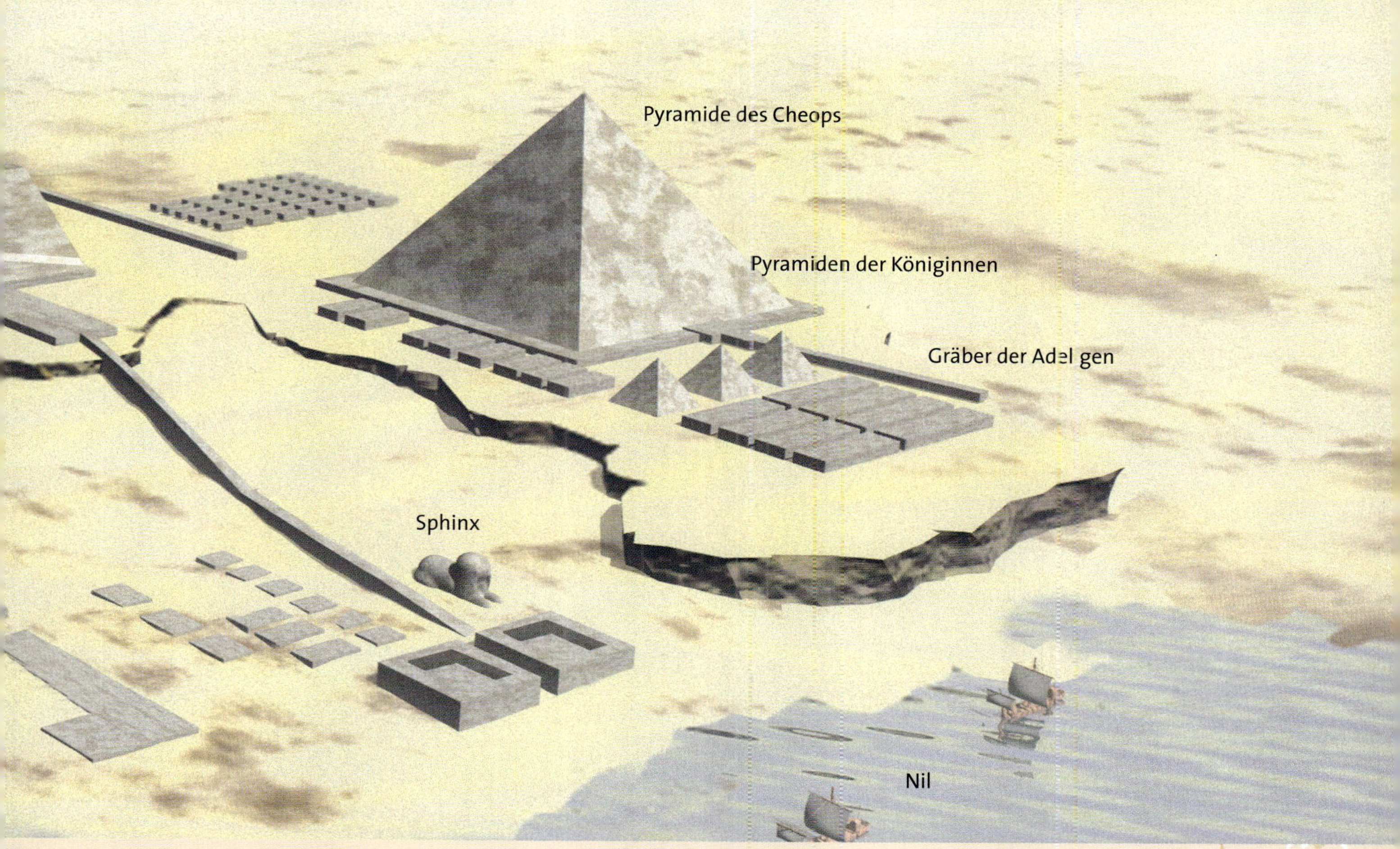

Zum Ruhme des Pharaos

Als der Pharao Cheops die größte und älteste Pyramide von Giseh vor rund 4500 Jahren erbauen ließ, schlug sie mit einer Höhe von 146 Metern und Seitenlängen von gut 230 Metern alle Rekorde. Über 2 Millionen Steinblöcke von jeweils mehr als 2,5 Tonnen wurden verbaut.

Diese von Hand behauenen Quader passten so exakt aufeinander, dass keine Fuge bis heute größer als einen halben Zentimeter ist. Das Gestein stammte aus einem nahen Steinbruch und musste mit Schlitten, über Rampen, Walzen und mit einfachen Hebelwerkzeugen transportiert und an den richtigen Platz gesetzt werden. Auch die beiden kleineren Pyramiden entstanden während der 4. Dynastie (2600-2480 v. u. Z.) durch die Pharaonen Chefren und Mykerinos.

Zwanzig Jahre und länger arbeiteten Zehntausende von Menschen allein an der Cheops-Pyramide. In den drei Monaten im Jahr, in denen die Feldarbeit ruhte, weil der Nil die Ufer überflutete, war jeder Mann zum Bau verpflichtet. Laut ihrem religiösen Verständnis verhalfen sie zudem mit dem Dienst nicht nur ihrem König zur Unsterblichkeit, sondern auch sich selbst zum ewigen Leben. Außen verkleidete und glättete feiner Stein die Fassaden der Pyramiden. Mit der goldenen Spitze, die in der Sonne gefunkelt haben mag und die Verschmelzung des Pharaos mit dem Sonnengott symbolisierte, leuchteten die Bauwerke von weitem. Neben den drei großen liegen eine Reihe von kleineren Pyramiden, die den Königinnen als Totenstätten dienen sollten, jedoch nicht fertig gestellt wurden. Höhere Bedienstete und Fürsten sicherten sich die Gunst ihres Herren, indem sie ihre Gräber in die Nähe der Pyramide legten. Auch fand sich während der Ausgrabungen im 20. Jahrhundert ein 46 Meter langes Holzboot, das wahrscheinlich während der Begräbniszeremonie den balsamierten Leichnam des Herrschers zur letzten Ruhe brachte. Den Bauplan der inneren Gänge und der Grabkammer, in die schließlich der Sarkophag des Königs kam, kannten nur die Baumeister selber. Das System aus aufsteigenden und abfallenden Gängen sollte Plünderer abhalten, die Grabbeigaben zu rauben. Hunderte und vielleicht auch tausende von Jahren hielt das Labyrinth stand. Die Grabkammer des Cheops war jedoch bei ihrer

Ansteigende Gänge führen in die Grabkammer. Komplizierte Kraggewölbe erheben sich über der großen Galerie (oben), die auch zur Aufbewahrung der Verschlusssteine diente.

Der Pyramidenbau ging nach einem durchdachten Plan voran. Zuerst wurden der Untergrund geebnet, mit gespannten Seilen aus Hanf die Seitenlinien festgelegt und die Ecksteine in den Boden eingelassen. Auf einer flach ansteigenden Erdrampe hievten die Arbeiter jeden fast 2 Tonnen schweren Stein auf seinen Platz. Metallene Werkzeuge kannten sie nicht, Muskelkraft, Holzrollen und Gerüste ersetzten die fehlende Technik. Mit den Steinschichten wuchs auch die Erdrampe, bis die Spitze der Pyramide mit Kalkplatten und Gold verkleidet werden konnte.

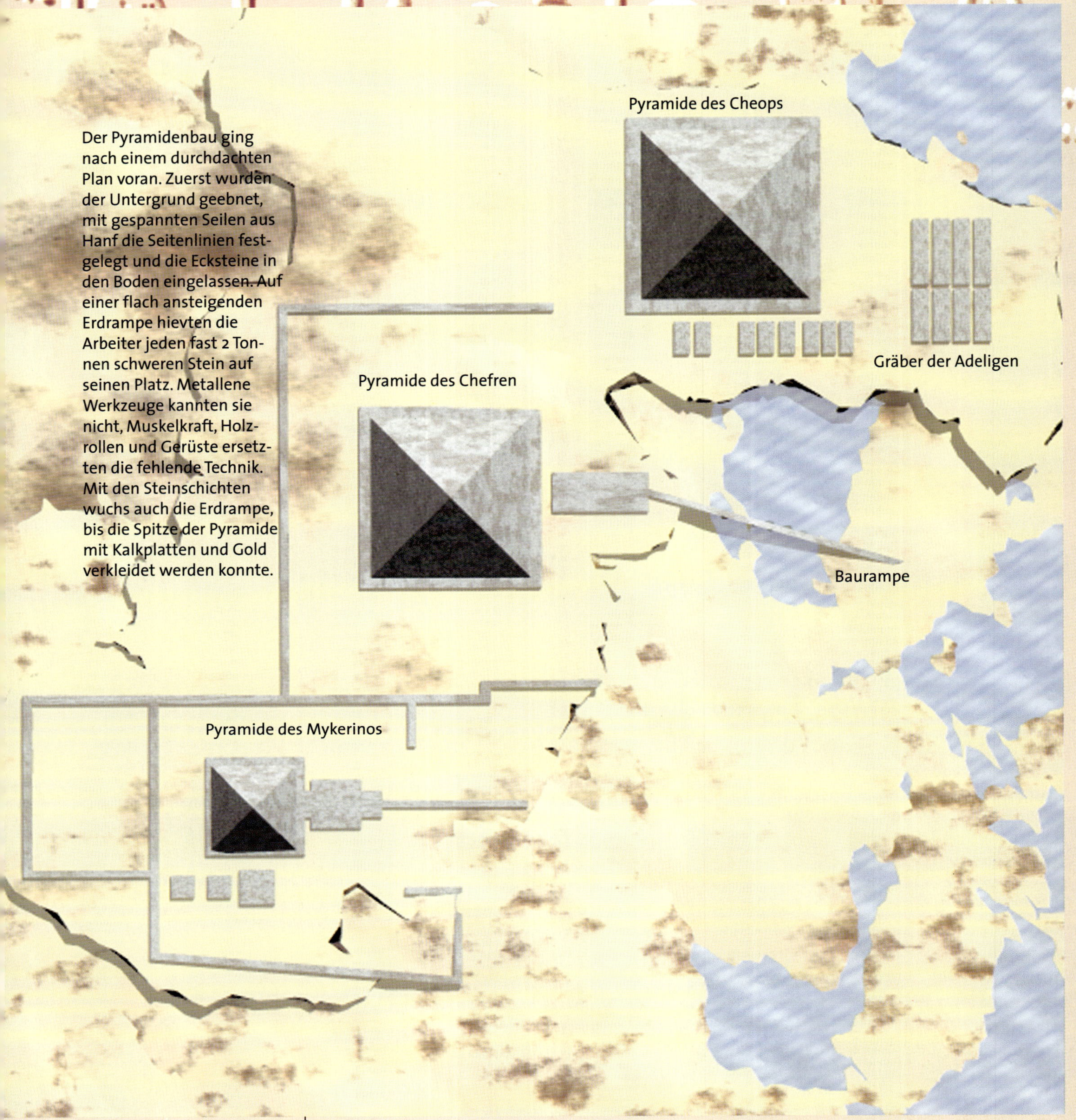

Öffnung im 9. Jahrhundert leer. Es fanden sich keine Spuren der Schätze, was vermuten lässt, dass es sich nicht um die tatsächlichen Grabkammern handelt. Auch in den anderen Pyramiden wurden weder Leichname noch Grabbeigaben oder Materialreste gefunden.

Steinbruch und Steinmetze

Um Steinquader aus dem Fels zu brechen, nutzten die Ägypter eine einfache Technik. Das härteste ihnen bekannte Metall war das Kupfer, das zwar für Steinmetzarbeiten, jedoch nicht für den Steinbruch taugte. Hierfür wurden deshalb Holzkeile in Gesteinsrisse getrieben und mit Wasser übergossen. Das feuchte Holz quoll auf und spaltete große Brocken ab, die meist vor Ort behauen wurden.

GOTTHEITEN MIT TIERKÖRPER

Die Ägypter des Alten Reichs beteten zahlreiche verschiedene universelle und lokale Gottheiten an, deren Aufgaben ineinander übergingen. Einer der Hauptgötter war Osiris, der eine weiße Krone, Krummstab und Zepter trug und als Herrscher der Unterwelt galt. Seine Schwester und Frau Isis gebar den falkenköpfigen Horus, der im lebenden Pharao inkarniert war und deshalb den Thron des Herrschers verzierte. Im Tode kamen die Pharaonen wieder zu Osiris, dem Symbol der Auferstehung, und lebten in seinem Reich fort. Die Pyramiden mit ihren energiegeladenen Formen sollten die mumifizierten Körper und die Grabbeigaben schützen. Nur ein unversehrter, also mumifizierter Körper konnte die Unterwelt erreichen. Zur Mumifizierung gingen die Gelehrten nach einem heiligen Ritual vor, entfernten über vorhandene Öffnungen die inneren Organe, rieben den Körper mit Natronsalz ab und bandagierten ihn ein. So konserviert und mit den Grabbeigaben versehen, war er für ein Leben in der Ewigkeit mit allen Annehmlichkeiten ausgestattet.

DIE SPHINX

Eine der rätselhaften Figuren in der ägyptischen Kultur ist die Sphinx mit dem Körper eines Löwen und dem Kopf eines Menschen. Pharao Chefren, der Sohn des Cheops, ließ die Bewacherin der Gräber aus einem Stein hauen. Ihr Gesicht trägt das Antlitz des Chefren, das nach Osten schaut, um den Morgen zu begrüßen. Mit der stattlichen Größe von 21 Metern Breite und 74 Metern Länge wacht der Steinkoloss vor dem Totenbezirk. Die Form überstand zwar die Jahrtausende, allerdings gingen Teile der Nase sowie Bart, Gipsverkleidung und Bemalung verloren.

DAS LEBEN DER ÄGYPTER

Der Nil bestimmte das Leben ganz Ägyptens. Drei Monate im Jahr – von Juli bis September – überschwemmte er das Land und hinterließ nach seinem Zurückweichen den fruchtbaren Schlamm auf den Äckern. Mit einem von Ochsen gezogenen Holzpflug beackerten die Bauern das Land, bauten Getreide und Ölfrüchte an und sorgten für den Reichtum Ägyptens.
Um den Nil besser kontrollieren zu können, errichteten die Menschen Dämme und zogen Kanäle, die das Wasser in trockenere Gegenden leiteten. Damit konnten die Hungersnöte, die aufgrund zu starker oder zu schwacher Überschwemmungen auftraten, ausgeglichen werden. Anhand bestimmter Messinstrumente, der Nilometer, errechneten die Staatsbeamten den Überschwemmungsgrad. Daraus wurde dann die zu erwartende Ernte und die Abgabenhöhe der Nahrungsmittel bestimmt.

Osiris (rechts), der Herrscher des Totenreiches (Bronzefigur, 400 v. u. Z.), richtet auch über die Seelen. Sein Bruder Seth tötete und zerstückelte ihn, doch seine Schwester und Frau Isis (links, 26. Dynastie) erweckte ihn mit dem schakalköpfigen Anubis (siehe Seite 19), wieder zum Leben. Osiris und Isis zeugten den falkenköpfigen Horus, der sich im Pharao inkarniert.

Das 46 Meter lange Holzboot, das den verstorbenen Pharao zu seiner Balsamierung brachte, die Grabbeigaben transportierte – oder vielleicht zur Fortbewegung im Jenseits dienen sollte –, lag an der Südseite der Cheopspyramide vergraben. Erst 1954 entdeckten die Archäologen das zerlegte Boot und setzten es in mühevoller Kleinarbeit aus seinen 1200 Einzelteilen zusammen.

VERSCHIEDENE REICHE, UNTERSCHIEDLICHE KRONEN

Ab etwa dem dritten Jahrtausend vor unserer Zeitrechnung blühte eine der ältesten Kulturen der Welt im Nordosten Afrikas. An den Ufern des heiligen Flusses Nil herrschten die gottgleichen Pharaonen über ein Reich, das in seiner größten Ausdehnung von den Nilquellen bis zum Mittelmeer und von Syrien bis Nubien reichte. Mehrere Dynastien wechselten sich ab, die große Kulturen und deren Zeugen wie Pyramiden, Obeliske, Statuen, Gräber und Schmuck hervorbrachten und nach einer dreitausendjährigen Geschichte erst vom Christentum vernichtet wurden. Um ihre Dynastien zu sichern, vermählten sich die Herrscher mit ihren Geschwistern. Pharaonen heirateten nach dem Tod der schwesterlichen Ehefrau selbst ihre eigene Tochter und zeugten mit ihr Nachkommen. 2850 v.u.Z. verhalf der legendäre Menes dem Alten Reich (2660-2160) zum Aufstieg, vereinigte die beiden Länder Ober- und Unterägypten, die ihre Herrscher mit typischen farbigen Kronen und Insignien kennzeichneten. In dieser Zeit wurden die Pyramiden gebaut.

Gegen 2000 v.u.Z. zerfiel das Alte Reich. Die einzelnen Provinzen bekämpften sich, bildeten eigene Staaten und wurden von Nomadenstämmen geplündert und geschwächt. Neue Blüte entwickelte das Mittlere Reich (2040-1785), das seinen Reichtum aus dem Goldbergbau gewann. Der Glauben an den Gott Amun-Re, der sich aus dem Sonnengott Re entwickelte, gewann an Macht, veränderte die Kultur und brachte eine starke und reiche Priesterkaste hervor. Im nachfolgenden Neuen Reich (1552-1070) gedieh das Land, Kunst und Bauwerke zeugen von Wirtschaft und Kriegsführung. Etwa 1000 v.u.Z. fehlte dem Land erneut die Zentralregierung, so dass rivalisierende Oberhäupter und asiatische Völker es bedrohlich schwächten. Die Pharaonen regierten autonom bis etwa 600 v.u.Z. und brachten Ägypten erneut Reichtum, Kunst und Frieden. Persische, griechische und schließlich römische Herrscher lösten sich ab, bis Ägypten im 4. Jahrhundert unserer Zeit die Hieroglyphensprache, seine Gewohnheiten und Götter aufgab und somit den sozialen und politischen Zerfall seiner Kultur besiegelte.

Die Sphinx (links) verlor ihre Nase erst durch eine verirrte Granate.
Die farbige Bemalung hielt dagegen dem Wüstenwind nicht stand.

Der schakalköpfige Gott Anubis (links), Retter des Osiris und Gott der Einbalsamierung, wacht in der Grabkammer über die Toten.

DAS TAL DER KÖNIGE UND KÖNIGINNEN

Am westlichen Nilufer, gegenüber von Theben, der einstmals mächtigsten Stadt der Welt, liegen die Totenstädte der früheren Pharaonen, ihrer Königinnen und vieler Fürsten. 62 in den Kalkstein gehauene Grabmale wurden bis heute gefunden, in denen Sarkophage mit den Mumien, reiche Goldschätze, praktische Grabbeigaben und allerlei Rüstzeug für das Jenseits lagerten.

Das Grab der Königin Hatschepsut (1490-1468 v. u. Z.) in Deir el-Bahri (rechts) wurde tief in den Fels getrieben und mit drei Säulenhöfen und zwei Rampen flankiert. Hatschepsut war die dritte Herrscherin der 18. Dynastie.
Der junge Pharao Tutanchamun wurde mit unermesslichen Schätzen begraben. Seine Totenmaske (rechts) besteht aus purem Gold.

EIN LEBEN NACH DEM TOD

Da die Ägypter an ein Leben nach dem Tod glaubten, gaben sie Juwelen, Mobiliar, Streitwagen, Dienerstatuetten und somit unermessliche Schätze mit ins Grab. Um sie vor Raub zu schützen, musste die Totenstadt bewacht werden. Bereits um 1000 v. u. Z. plünderten Diebe zahlreiche Grabkammern, weil die Finanzen eine sichere Bewachung nicht mehr zuließen. 39 Mumien brachten damalige Beamte in Sicherheit und versteckten sie in einer Felsspalte, wo sie erst 3000 Jahre später wieder gefunden wurden.

DAS GRAB DES TUTANCHAMUN

Die Könige des Mittleren und Neuen Reiches besaßen enorme Gold- und Edelsteinvorräte. Ihre Grabbeigaben übersteigen noch heute alles Vorstellbare. Auch dem erst 18-jährigen Pharao Tutanchamun (1347-1338/9 v. u. Z.) wurden bei seiner Beerdigung im Jahre 1339 v. u. Z. enorme Schätze ins Grab gelegt. Der außerordentliche Reichtum zeigte sich bei der Öffnung des Grabes im Jahre 1922. Der Sarg des Pharao bestand aus purem Gold, ebenso die zahlreichen Diademe und Masken. Streitwagen, Waffen und

ALTER: etwa 3500 Jahre
ZWECK: Felsengräber der Königinnen und Könige
GRÖSSE: 62 Grabanlagen

*„Die Tore des Himmels werden dir geöffnet,
die Tore des kühlenden Wassers werden dir aufgetan..."*
Gebet der ägyptischen Priester

Die Grablegung der Ägypter (oben) erfolgte nach strengen Ritualen. Zuerst wurden die Körper der Toten mumifiziert, anschließend in einem Sarkophag mit reichlichen Beigaben in die Grabkammer gelegt und versiegelt. Nichts sollte die Toten auf ihrer Reise in das Jenseits stören. Dort erwartete sie Osiris, um über ihre Seelen zu richten.
Das Tal der Könige (rechts), die königliche Nekropolis, erstreckt sich am Westufer des Nils, schräg gegenüber von Theben, wo die Herrscher des Neuen Reiches ab 1550 v. u. Z. regierten.

Juwelen sollten ihm ein Leben in der Ewigkeit mit entsprechendem Komfort garantieren. Es dauerte über drei Jahre, bis die nahezu 5000 Grabbeigaben vollständig katalogisiert worden waren. Die meisten Schätze liegen heute im Ägyptischen Museum in Kairo. Der Leichnam selbst blieb an Ort und Stelle und ruht im Sarg, wo er begraben wurde.

Beschützendes Horusauge

Die Ägypter hatten eine klare Vorstellung über das Leben nach dem Tod. Durch die Einbalsamierung konnte der erhaltene Körper in das Reich der Toten gelangen, in die Unterwelt, wo er ein ähnliches Leben wie im Diesseits führen würde. Die Fresken in den Grabmälern stellen Szenen aus dem Leben nach dem Tod dar. An den Decken, Wänden und auf dem Sarg finden sich religiöse Texte und Schutzsymbole wie das Horusauge, mit dessen Hilfe der oder die Tote zu Osiris gelangte, dem Herrscher und Richter über die Unterwelt.

Götter und Göttinnen

In jedem Tempel, jedem Grab und an allen öffentlichen Plätzen begegneten die Menschen den Abbildern der verschiedenen Gottheiten. Der Tierkopf auf ihrem menschlichen Körper symbolisierte die Kraft der Natur. Die Liebesgöttin Hathor wurde mit einer Sonnenscheibe zwischen den Kuhhörnern auf dem Kopf gezeigt, da sie die junge Sonne zwischen ihren Hörnern an den Himmel gestellt hatte. Der Himmelsgott Horus, der auch der lebende Pharao war, besaß einen Falkenkopf. Osiris und seine Schwester Isis sowie der Hauptgott des Neuen Reiches, Amun-Re, hatten Menschengestalt angenommen und trugen typische Insignien bei sich.

Horus, der falkenköpfige Gott (unten rechts) symbolisiert den obersten Herrscher, der sich im Pharao inkarniert. Hathor (unten links), hier als menschliche Göttin Sachmet mit Löwenkopf dargestellt, zeigte sich gewöhnlich als Kuh, die mit ihrer Milch das Menschengeschlecht nährte. Als Tochter des Sonnengottes Re war sie die Göttin der Liebe, der Mütter und Töchter. Hathor verwandelte sich einmal auf Geheiß ihres Vaters Re in Sachmet, um die Menschen zu vernichten.

TEMPEL FÜR DEN GROSSEN GOTT: LUXOR UND KARNAK

Zu Ehren des Luft- und Windgottes Amun ließ der baufreudige ägyptische Pharao Ramses II. bei Luxor und Karnak an den Ufern des Nils zwei Tempelanlagen errichten, die von der Macht Ägyptens künden sollten. Vor 3500 Jahren war hier, in Theben, der Mittelpunkt der Welt.

Die Allee der widderköpfigen Sphinxen (oben) führt von einer Tempelanlage zur nächsten.

ALTER: etwa 3500 Jahre
ZWECK: Tempelanlage für den Gott Amun-Re, Symbol der Macht Thebens
GRÖSSE: 260 Meter langer Tempel in Luxor

DIE SCHÖPFUNGSINSEL IN STEIN

Die ägyptischen Tempel demonstrierten die Macht ihrer Herrscher, bestachen durch die Dimensionen und sind doch relativ einfache Konstruktionen. Den Haupteingang bildeten zwei turmartige Bauten, die Pylonen. An diesen führen Säulenhallen bis ins Allerheiligste mit den Gott- oder Götterstatuen. Die Anlage selbst besteht aus einer Vielzahl an Säulen, Sälen und zehn Pylonen, die jeweils in einen neuen Tempelbezirk führen. Der größte Tempel wurde allein Amun gewidmet. Ramses II. ließ die Fassaden mit weißem Stein verkleiden, die Türen aus Akazienholz mit Gold beschlagen und den Namen des Gottes mit Edelsteinen schreiben. Die Säulen trugen die typischen Kapitelle mit Papyrosblüten und sind der heimischen Pflanzenwelt nachempfunden oder ähneln Palmen, die einstmals auf der Schöpfungsinsel gestanden haben sollen. Sie erinnern die Ägypter daran, dass ihr Land als die Geburtsstätte der Welt

„O Ägypten, Ägypten – deine Religion wird nur noch eine Fabel sein, die deine eigenen Kinder nicht mehr glauben – nichts wird bleiben als Worte in Stein gehauen."
Ägyptischer Priester, gegen Ende des ägypt. Reiches

Tempelanlagen in Luxor und Karnak huldigten Amun, dem Stadtgott von Theben, der gemeinsam mit dem ägyptischen Sonnengott Re zum König der Götter Amun-Re erkoren wurde. 134 Säulen, die Reliefs und Hieroglyphen verzieren, bilden den Mittelteil des Tempels. Auf ihnen lag einst die reich bemalte Plattendecke.

Der Erbauer des Tempels, Ramses II. (rechts), ließ sich ebenfalls in Stein gehauen neben die Statuen der Götter stellen.
Amun (unten), der Stadtgott Thebens, wurde hier zuerst als Fruchtbarkeitsgott verehrt. Diese Statue entstand um 1320 v. u. Z. in der 18. Dynastie und ist 58 Zentimeter hoch.

aus dem Ozean entstiegen war.
Im großen Säulensaal von Karnak stehen 134 Säulen in 16 Reihen. Jede hatte einen Umfang von 10 Metern. Üppige Gärten und ein künstlich angelegter See rundeten die Schönheit der Anlage ab.

Das hunderttorige Theben

In der Nähe des heutigen Luxor liegt die Stadt, die einst den Mittelpunkt der Welt bildete. Etwa 1500 Jahre v.u.Z. galt sie als Machtzentrale, Kunststadt und religiöser Mittelpunkt, in dem der Stadt- und später Reichsgott Amun verehrt wurde. Das ägyptische Weset oder Nut, das No der Bibel, erhielt seinen Namen Theben von den Griechen. Am Ostufer des Nils standen die prunkvollen Paläste und Heiligtümer, am Westufer lag die Totenstadt in den Tälern der Könige und Königinnen mit deren Gräbern und Totentempeln. Vom hunderttorigen Theben blieb jedoch nach seiner Zerstörung 663 v.u.Z. nicht viel übrig. Die Assyrer unter Assurbanipal vernichteten die Stadt restlos. Nur die Tempelanlage erinnert an den einstigen Prunk der Stadt.

Gott Amun

Der Wind- und Luftgott Amun wurde in der ägyptischen Kunst als Mensch mit einer doppelten Federkrone dargestellt. Als Luftgott vertrat Amun, der Verborgene, die Unsichtbarkeit, was sein Name auch besagt.
Ab der 11. Dynastie wuchs er besonders in Theben mit dem Sonnengott Amun-Re zusammen und begründete mit dem Aufstieg der Stadt die Staatsreligion. Nach dem Verfall Thebens fand sich der Götterkult bei den Griechen und Römern in Zeus-Jupiter-Ammon wieder.

Im Niltal erstrecken sich zwei Tempelanlagen: im hunderttorigen Theben der Tempel von Karnak und einige hundert Meter entfernt der Tempel von Luxor. Gewaltige Säulengalerien begleiten die Gläubigen hier wie dort durch die Höfe und erzählen von der Pracht und Macht ihres Stadtgottes.

Die Kolossalfiguren von Abu Simbel

Fernab des Nildeltas, am westlichen Nilufer zwischen der ersten und der zweiten Stromschnelle, ließ der Pharao Ramses II. um 1250 v. u. Z. einen Tempelbau zu Ehren des Luft- und Windgottes Amun errichten.
63 Meter wurde die heilige Anlage in den Felsen getrieben, deren Eingang vier Kolossalstatuen bewachen, die den Gottkönig selbst darstellen.

Vier Kolossalfiguren (oben) mit dem Antlitz Ramses II. sowie Familienmitglieder in Stein zieren die Fassade des Monuments.
Tausende Menschen huldigten auf diesem Stich (linke Seite) aus dem 19. Jahrhundert dem gottgleichen Ramses und ihren Göttern Amun-Re und Hathor.

„An diesem Morgen erreichte ich Abu Simbel.
In die Oberfläche des Berges waren vier Kolossalstatuen in sitzender Position geschnitten …
Die Schönheit und die Größe des Tempels wird von keinem anderen ägyptischen Monument erreicht.“

David Roberts, Archäologe, 1838

Alter: etwa 3200 Jahre
Zweck: Heiligtum für Amun und Ramses II.
Grösse: 31 Meter hohe Fassade, 63 Meter in den Fels gehauen

Leben des Ramses und seinen Heldentaten. An der hinteren Rückwand des Tempels stehen erneut vier Statuen, die diesmal Ramses mit drei göttlichen Begleitern zeigen und zweimal im Jahr, vor und nach der Wintersonnenwende, beim so genannten „Lichtwunder" im Sonnenlicht stehen.

DIE VERLEGUNG

Als der Assuan-Staudamm gebaut werden sollte, zeigte sich, dass der 500 Kilometer lange Stausee auch das Heiligtum von Abu Simbel überfluten würde. Die UNESCO setzte sich für das Weltkulturerbe ein, rief 1964 die Aktion „Joint Venture Abu Simbel" ins Leben und forderte zu Spenden auf. 2000 Spezialisten aus aller Welt zersägten die Tempelanlage in 20 bis 30 Tonnen schwere Steinblöcke und bauten Abu Simpel an höherer Stelle wieder auf, indem sie die Einzelteile originalgetreu zusammensetzten. Selbst die Himmelsrichtungen wurden bedacht. Die Kolossalstatuen blicken wieder nach Osten, um das Lichtwunder zu gewähren.

Zweimal im Jahr fallen die Sonnenstrahlen bis in den hintersten Teil des Tempels und bewirken das so genannte „Lichtwunder" (oben). Warum der Pharao diesen seiner sieben Tempel so weit entfernt vom Regierungssitz bauen ließ, ist unklar. Vermutlich sollte der ägyptische Prunk in der Ferne von der Größe und Macht des Pharaos künden. Während des Staudammbaus im Jahre 1964 wurde die Anlage in Blöcke zerschnitten (rechts) und zu ihrem neuen Standort transportiert.

DIE ENTDECKUNG

Als der Schweizer Forscher Johann Ludwig Burckhardt im Jahre 1813 durch Zufall die Kolossalstatuen des Ramses entdeckte, ragten nur die Köpfe aus dem Sand. Bis zu den Schultern und Armen hatte der Wüstensand die Monumente und die dahinter liegende Anlage verschüttet. Knapp einhundert Jahre lang dauerten die Ausgrabungen, bis 1909 die Fassade endlich sandfrei studiert werden konnte. Nun zeigte sich, dass zwischen den Beinen der Kolossalfiguren weitere, viel kleinere Figuren standen, die Ramses' Mutter, Frauen und Kinder erkennen ließen. Reiche Reliefs und Wandmalereien berichten vom

RAMSES II.

Der Pharao galt als selbstbewusster und mächtiger Herrscher, der von 1290 bis 1224 v.u.Z. regierte. Er ging als der größte Bauherr der Ägypter in die Geschichte ein. Neben Abu Simbel errichtete er Luxor, Ramesseum und Abydos. Bekannt machten ihn aber nicht nur seine Bauwerke, sondern auch der Krieg mit den Hethitern um die Macht in Syrien. Im fünften Jahr seiner Regierungszeit griff er die Hethiter in Kadesch an, das am Orontestrom lag und eine Bastion in der Verteidigungslinie der Gegner darstellte. Obwohl sich Ramses II. auf zahlreichen Reliefs als Sieger darstellen ließ, ist bekannt, dass die Schlacht unentschieden ausging. Beide Seiten erlitten starke Verluste und zogen sich vom Schlachtfeld zurück. Erst 16 Jahre später unterschrieben sie einen Friedensvertrag, in dem das nördliche Syrien den Hethitern überlassen wurde. Mit der Heirat einer hethitischen Prinzessin besiegelte Ramses II. das Abkommen. Der Vertrag wurde in Keilschrift und Hieroglyphen verfasst und blieb bis heute erhalten.

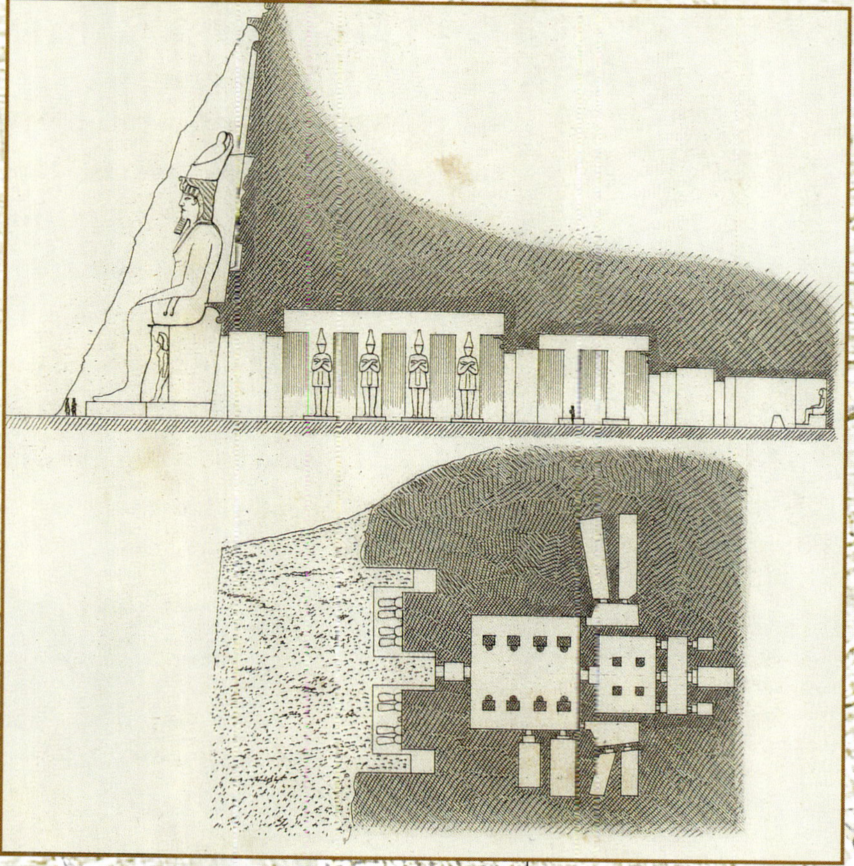

Im Querschnitt (oben rechts) zeigt sich das Größenverhältnis der vier riesigen Statuen zum hinteren Teil mit den vier kleinen Statuetten. Die einzelnen Tempelbereiche verdeutlicht die Aufsicht (rechts).
Zwischen den Beinen der Kolossalfiguren (unten rechts) stehen die Familienangehörigen, so auch Ramses' Gemahlin Nefertari (unten).

DIE HÄNGENDEN GÄRTEN VON BABYLON

Siebeneinhalb Meter dicke Mauern, die aufsteigende Terrassen mit paradiesischen Pflanzen flankieren: Die Hängenden Gärten von Babylon wurden seit jeher mit der Auferstehung des Gartens Eden verglichen. Mitten in der Wüste errichteten die Babylonier eine grüne Oase, die in Größe und Pflanzenvielfalt wahren Luxus ausstrahlte und damit als eines der Sieben Weltwunder galt. Die Schöpferin soll die assyrische Königin Semiramis gewesen sein. Ebenso könnte der große König Nebukadnezar II., der Babylon zur prächtigsten Stadt der damaligen Welt ausbauen ließ, die Gärten als Geschenk für seine Frau Amytis angelegt haben.

Das prachtvolle, 13 Meter hohe Ischtartor (rechts) von Babylon flankierten 35 Meter hohe Türme. Glasierte blaue Ziegel strahlten in der Sonne und bildeten mit gelben Steinen Löwen- und Stiermosaike. Heute steht nur ein Nachbau in Babylon, das Original befindet sich in Berlin. Inmitten der Mauern sollen sich die Hängenden Gärten (rechte Seite) über mehrere Terrassen erstreckt haben. Doch wie sie genau aussahen, kann nur vermutet werden.

„Ich will dich schützen, wie eine Mutter ihre Kinder schützt."

Göttin Ischtar zu Babylon

ALTER: zwischen 2600 und 3400 Jahren
ZWECK: Garten Eden in der Wüste
GRÖSSE: nicht bekannt

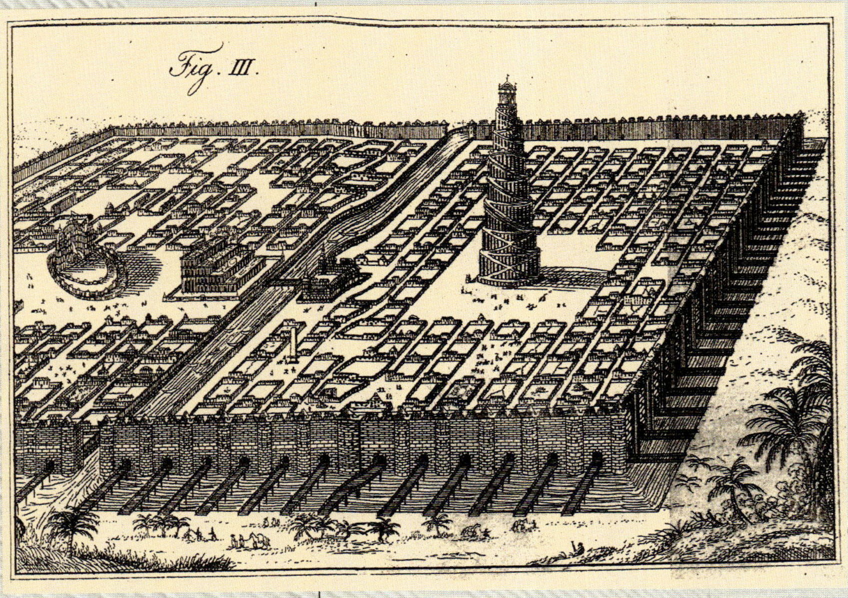

Auch im 19. Jahrhundert beschäftigten sich die Menschen mit dem Weltwunder von Babylon. Zwei Rekonstruktionsversuche zeigen die Gärten als europäisch geprägten Palast (oben) oder als Gartenanlage mit dem Turm zu Babel in der Mitte (ganz oben).

Ein Paradies in der Wüste

Um die reiche Pflanzenwelt über das Bewässerungssystem mit Wasser zu versorgen, befanden sich die Hängenden Gärten vermutlich in der Nähe des Euphrat. Deutsche Ausgrabungen legten im Ostteil der Königsburg Gewölbe frei, die der Unterbau für die terrassenförmig angelegten Gärten sein könnten. Die Griechen berichteten über die sagenhafte Anlage, dass sich über den Gewölben zahlreiche Gebäude übereinander erhoben haben sollen, die diesen Ort wie ein Theater erscheinen ließen. Auf den Terrassen schützte Asphalt das Gestein vor durchsickerndem Wasser. Ein unsichtbares System aus Rohren und Rinnen versorgte die dicke Erdschicht und Wurzelmasse selbst bei größter Trockenheit mit Wasser. Die Szenerie muss märchenhaft angemutet haben: Über verspielte Terrassen sprudelten Wasserfälle aus unsichtbaren Quellen, exotische Pflanzen dufteten und große Bäume spendeten kühlenden Schatten. Es heißt, dass die Hängenden Gärten deshalb terrassenförmig angelegt werden mussten, um Nebukadnezars Frau Amytis eine Bergwelt vorzugaukeln. Die Königin litt unter Heimweh und verzehrte sich nach ihrer hügeligen Heimat Media. Dadurch zeichnet sich das antike Weltwunder gegenüber den anderen sechs mit einer Besonderheit aus: Die Gärten wurden nicht als Zeichen des Ruhmes und der Macht, sondern als Symbol der Liebe erschaffen.

Schöpferin oder Sagengestalt?

Die sagenhafte Königin von Assyrien mit dem Namen Semiramis gilt ebenfalls als die Schöpferin der Hängenden Gärten. Ihr Ruhm gründet sich aber nicht allein auf die Erschaffung des Weltwunders, sondern auch auf die Gründung zahlreicher Städte und die Unterwerfung weiter Länder. Wahrscheinlich handelt es sich dabei um die assyrische Königin Sammuramat, die besonders die Regentschaft ihres Sohnes Ad-Nirari (810-782 v. u. Z.) nachhaltig beeinflusste. Nicht zuletzt der italienische Komponist Giacchino Rossini setzte Semiramis mit der gleichnamigen Oper ein musikalisches Denkmal.

Babylon, Babel oder Babilu

Bereits seit tausenden von Jahren siedelten die Menschen im Zweistromland zwischen den Flüssen Euphrat und Tigris. Babylon erlangte seine erste Blüte unter Hammurabi, der bis zu seinem Tod 1750 v. u. Z. das Land straff regierte und 282 Paragrafen einführte, die das Leben der Menschen vom Strafrecht bis zum Hausbau regelte. Unter Nebukadnezar I. (1128 bis 1106 v. u. Z.) ging die Befehlsgewalt Mesopotamiens von Assur auf Babylon über. Assyrien übte jedoch bald darauf wieder für hunderte von Jahren die Herrschaft über Mesopotamien aus, bis es 614 v. u. Z. durch seine unterdrückten Völker fiel, die aus Rache jede assyrische Stadt grausam vernichteten. Das 2. Babylonische Reich entstand, das sich von Ur bis zum Persischen Golf und zum Mittelmeer über ganz Mesopotamien erstreckte. Babylon wurde glanzvolle Hauptstadt. König Nebukadnezar II. (605-562 v. u. Z.) machte sie wieder zur himmlischen Stadt am Euphrat.

Zwei Heerstraßen, 24 Straßen, drei Kanäle und acht Stadttore verdeutlichten die Pracht der Stadt. Der Göttin Ischtar waren zahlreiche Kapellen geweiht, den großen Göttern über fünfzig Heiligtümer. Doch alles überragte der Tempel des Marduk, dem Mächtigsten unter den Göttern. In seinem heiligen Bezirk erhob sich der Turm zu Babel, der im Alten Testament für die Sprachverwirrung sorgte. Der Palast der Königs bestach durch die Vielzahl der Hallen und Gemächer. Allein 900 Quadratmeter maß der Thronsaal. Babylon war zu dieser Zeit unvorstellbar reich. Kamelkarawanen mit Schätzen aus Edelsteinen, Korallen und Perlen trafen aus allen Teilen des riesigen Landes ein. Ebenso fantastisch mögen den Besuchern neben dem Reichtum die enormen Bauwerke erschienen sein. Den größten Luxus aber stellten die Hängenden Gärten dar. Sie erstreckten sich über mehrere Terrassen in üppigem Grün und mit fließenden Wasser – einem Garten Eden gleich – mitten in der Hitze der Wüstenstadt. Als Nebukadnezar starb, überfiel der persische König Kyros der Achämenide das Reich. Mit dem Sieg der Perser im Jahre 539 v. u. Z. war der Untergang Babylons besiegelt und die Stadt verlor für alle Zeit ihre politische Selbstständigkeit. Auch Alexander der Große konnte Babylon nicht vor dem Verfall retten. Gerade als er sie zur Hauptstadt seines neuen Weltreichs ausrufen lassen wollte, starb er in Babylon an einer ungeklärten Krankheit.

Das Ischtartor

Das Haupttor weihten die Babylonier ihrer Göttin Ischtar. Mit blauglasierten Ziegeln verkleidet und Symbolen der Götter verziert, empfing es die Heere und Ankömmlinge, Besucher und Könige mit wuchtiger Pracht. Von hier führte die Prozessionsstraße zum Königspalast und Marduk-Tempel, vorbei am zweiten der Sieben Weltwunder.

Die babylonische Keilschrift

Zwei Jahrhunderte vergingen, ehe die komplizierte Keilschrift der Babylonier nach ihrer Entdeckung enträtselt werden konnte. Die ersten Schriftzeichen, die jedoch niemand zu entziffern vermochte, brachte ein italienischer Reisender im Jahre 1625 mit

Auf der großen Prozessionsstraße (unten) marschierten die siegreichen Herrscher und die Bezwinger Babylons ein. Die Legende besagt, dass verschuldete und versklavte Menschen die hohen Mauern bauten. Um Geld zu leihen, setzten sich freie Babylonier selbst als Sicherheit ein. Konnten sie das Geld nicht zurückzahlen, wurden sie versklavtund mussten an den Mauern arbeiten. Ihre durchschnittliche Lebenserwartung als Sklaven betrug aufgrund der enormen Anstrengung und Hitze nur noch drei Jahre.

Die Wandmalerei (rechts) aus einem thebanischen Grab aus dem Jahre 1425 v. u. Z. stellt einen üppigen Garten in Ägypten dar, der den Hängenden Gärten ähneln oder ihr Vorbild sein könnte. Papyrus und Dattelpalmen säumen das Wasser, in dem sich Tiere tummeln und Lotosblumen blühen.

Das Modell des Zikkurats der Stadt knüpft an die Legende um den Turm zu Babel an, der in der Bibel für die Sprachverwirrung sorgte.

nach Europa. Auch die beschrifteten Ziegelsteine, die anderthalb Jahrhunderte später in London eintrafen, brachten keine Antworten. Erst die Entdeckung des englischen Offiziers und Archäologen Henry Rawlinson im Jahre 1842 brachte die Wissenschaft einen Schritt voran. Ein Relief des berühmten Königs Dareios' I. enthielt Texte in altpersischer, elamischer und babylonischer Sprache. Sechs Jahre dauerte es, bis der elamische Text, der sich aus 111 Zeichen zusammensetzte, gelesen werden konnte. Die babylonische Keilschrift blieb jedoch nach wie vor ein Rätsel. Ein Alphabet war nicht zu erkennen, nur die Kombination verschiedener Keilschriftzeichen. Wenig später gelang endlich dem Iren Hincks die Enträtselung: Ein Zeichen konnte sowohl einer Silbe als auch einem ganzen Wort entsprechen.

Zwischen Himmel und Erde

In der Gott feindlichen Stadt Babel des Alten Testaments stand ein Turm, der bis in den Himmel gereicht haben soll. Da sich die Erbauer jedoch nicht mehr in einer Sprache verständigen konnten, wurde der Turm nie fertig gestellt. Handelte es sich bei dem Turm zu Babel um den babylonischen Tempel zu Ehren des Gottes Marduk, dann rücken die Ausgrabungen einige Maße ins rechte Licht: Der gestufte Bau besaß eine quadratische Grundfläche von 91,5 Metern und war etwa 90 Meter hoch. Drei Treppen führten im Süden zur Spitze, auf der ein Hochtempel des Hauptgottes Marduk stand. Nebukadnezar II. ließ den Turm wahrscheinlich auf den Resten eines ähnlichen Gebäudes errichten, das etwa im 17. Jahrhundert v. u. Z. an der gleichen Stelle stand. Jede größere Stadt in Mesopotamien besaß damals einen derart hohen Turm, der als Bindeglied zwischen Himmel und Erde fungieren sollte.

Das Relief (oben) aus dem 7. Jahrhundert v. u. Z. entstand im gleichen Zeitraum wie die Hängenden Gärten. Der Assyrerkönig Assurpanibal liegt hier mit seiner Gemahlin unter schattigem Weinlaub zwischen Palmen und Nadelbäumen.
Die acht Kilometer lange, rechteckige Stadtmauer umgrenzte mit einer sechs Meter starken Hauptmauer (links), auf der Wagen fahren konnten, und einer drei Meter dicken Vormauer die sagenhafte Stadt Babylon, die im 6. Jahrhundert v. u. Z. zu ihrer größten Blüte gelangte.

EIN HEILIGTUM FÜR DIE GÖTTIN DER ATHENER

Nach der Verwüstung Athens durch die Perser im Jahre 480 v.u.Z. erstrahlte die Oberstadt bald in neuer Pracht. Auf einem 156 Meter hohen Kalksteinplateau entstand die Akropolis mit dem größten Tempel Athens.
Den aus weißem Mamor erbauten Parthenon, der durch die teils farbenprächtige Bemalung weithin leuchtete, weihten die Bewohner ihrer großen Stadtgöttin Athene.

Ein Rekonstruktionsversuch aus dem 19. Jahrhundert zeigt die Altstadt von Athen mit einer über ihr thronenden Akropolis klassisch verklärt: Die Tempelanlagen und Mauern erheben sich auf schroffen Felsen.

ALTER: erbaut zwischen 448 und 432 v.u.Z.
ZWECK: Heiligtum für die Stadtgöttin Athene
GRÖSSE: 73 Meter Seitenlänge, 34 Meter Breite, 12 Meter hohe Kolossalstatue der Athene im Inneren

BAU UND ZERSTÖRUNG

Zwischen 448 und 432 v.u.Z. entstand auf der Akropolis unter der Leitung des anerkannten Bildhauers Phidias und des Architekten Iktinos ein Tempel zu Ehren der Athena Parthenos, der Jungfrau Athene, der als Parthenon nach ihr genannt wurde. Nach den damals üblichen Bauplänen musste ein dorischer Tempel den Grundriss ein Rechtecks bilden, wobei die Unterschiede zwischen Länge und Breite nicht mehr als ein Sechstel betragen durften. Mit seinen 73 Metern Seitenlänge und 34 Metern Breite entsprach der Parthenon genau diesen Vorgaben. Zur Stabilisierung konstruierten die Baumeister ein Netz aus Metallstäben, das übrigens noch heute in Betonbauten als Bewährung üblich ist. Zwei Meter lange, eiserne Balken trugen das Tympanon, das Entlastungsdreieck. Auch die Säulen wurden nach streng geometrischen Plänen errichtet. Um den Eindruck gigantischer Größe zu verstärken, griffen die Architekten auf einen optischen Trick zurück: Die leicht vorgewölbten Säulen neigen sich nach hinten. Gemeinsam mit den dickeren Ecksäulen simulieren sie gewaltige-

re Ausmaße. Bereits von weitem strahlte der weiße Marmorbau mit der farbigen Bemalung allen Ankömmlingen entgegen, demonstrierte Macht, Reichtum und Gottesehrfurcht. Nach einigen Jahrhunderten ging die griechische Herrschaft ihrem Ende entgegen. Der Tempel wurde im 5. Jahrhundert zunächst als christliche Kirche und später unter türkischer Herrschaft als Moschee genutzt. Zum Waffen- und Pulverlager verkommen, führte eine Explosion im Jahre 1687 zu verheerenden Zerstörungen. Obwohl der Parthenon ab 1977 zum Teil wieder aufgebaut wurde, lässt sich sein einstiger vollständiger Glanz heute nur noch erahnen.

Viele Jahrhunderte hielt der Tempel allen Gefahren stand, bis ihn eine Explosion im 17. Jahrhundert zerstörte. Seit 1977 wird er unter wissenschaftlicher Leitung restauriert.

„Es ist, als wenn immerblühendes Leben und unsterblicher Geist in die Arbeiten eingetaucht wäre."

Plutarch, Philosoph und Historiker, 1. Jahrhundert

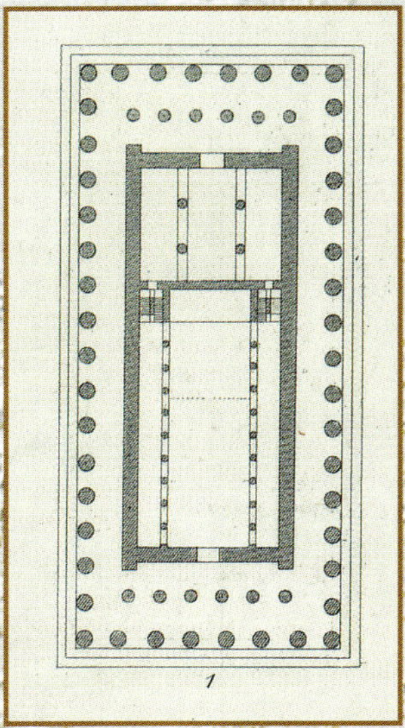

Im Inneren des Parthenon stand die Schutzgöttin Athene (ganz oben) den Eintretenden als Kolossalstatue mit 12 Metern Höhe gegenüber. Phidias schuf die Skulptur aus Gold und Elfenbein.
Der Grundriss des Parthenon (oben) entsprach in Rechteck und Seitenverhältnis den Anforderungen eines dorischen Tempels. Vom Ostgiebel stammt die Figur des Dionysos (rechts), die heute im Britischen Museum in London zu sehen ist.

Figuren und Verzierungen

Kein Tempel besaß derart viele Plastiken wie der Parthenon. Die Figuren und Statuen stammten aus der Werkstatt des berühmten Bildhauers Phidias und stellten unter anderen die Geburt der Athene dar. Die Skulpturen waren mit den leuchtendsten Farben bemalt. Das Zaumzeug der Pferde bestand aus Bronze. Auch das zwölf Meter hohe Standbild der Jungfrau Athene im Inneren des Tempels stellte Phidias her. Das Original, das durch Elfenbein und Gold erstrahlte, ging verloren, doch eine Kopie im Nationalmuseum von Athen lässt deren Schönheit erahnen. Prachtvoll waren auch die 92 Relieftafeln am Dachgebälk, die Szenen aus der griechischen Mythologie wie den Kampf der Kentauren oder die streitbaren Amazonen zeigten. Das 160 Meter lange, innere Relief auf dem Cella-Fries verkörperte den Festzug, der alle vier Jahre durch Athen zog. An diesen Panathenäen nahmen Athener und Gäste teil, brachten Opfer dar und schauten den zahlreichen Wettkämpfen zu. Doch auch eine andere Deutung liegt dem Fries nahe: Alle Götter und die 192 gefallenen Helden der Schlacht bei Marathon (490 v. u. Z.) könnten hier ebenso verewigt sein.

Die Göttin Athene

Die Schutzgöttin Athens war gleichzeitig die Göttin des Krieges und des Friedens, der Künste und des Handwerks. Als Tochter des Himmelsvaters Zeus besaß sie große Macht. Ihre äußerlichen Kennzeichen waren Helm, Brustpanzer, Schild und Speer. Mit ihren gesamten Insignien soll sie nach dem griechischen Mythos aus dem Haupt ihres Vaters entsprungen sein, das der griechische Gott Hephaistos vorher mit der Axt gespalten hatte. Das heilige Tier der Göttin, die Eule, stand als Sinnbild für Klugheit und Besonnenheit. Athene wurde als Pallas Athene, das Mädchen, und als Parthenos, die selbst bestimmte Jungfrau, verehrt.

Ein Rekonstruktionsversuch aus dem 19. Jahrhundert zeigt den Tempel mit seinem fast 29 Meter breiten und 3,5 Meter hohen Giebel (links).
Figuren in doppelter Lebensgröße stellten dort Szenen aus der Sagenwelt der Athene dar, ebenso Kentaurenkämpfe (unten), die im Britischen Museum in London aufbewahrt werden.

Iris, die Verkörperung des Regenbogens, Botin und Dienerin der Götter, war meist beflügelt und trug einen Heroldsstab. Der Torso stammt vom Westgiebel des Parthenon, entstand zwischen 440 und 432 v. u. Z. und steht heute im Britischen Museum in London.

Politik und Demokratie

Nach dem 1. Peloponnesischen Krieg mit Kämpfen zwischen Griechen und Persern und seinem Ende im Jahre 448 v. u. Z. erstarkte die athenische Demokratie. Die Regierungsgewalt lag bei der Volksversammlung, in der Bürger Stimmrecht hatten. Zu ihr gehörten jedoch ausschließlich freie männliche Erwachsene, weder Frauen noch Sklaven hatten Wahlrechte. Durch das Los wurden 500 Männer bestimmt, die im Rat die Beschlüsse vollziehen sollten. Positionen in der Regierung und beim Militär wurden durch jährliche Wahlen besetzt.

Das Erechtheion, ein kleiner ionischer Tempel, zwischen 421 und 406 v. u. Z. errichtet, vereint mehrere Kultstätten unter seinem Dach. An der Südwestecke steht die Korenhalle, die eine Gruppe von Karyatiden verziert. Anstelle eines Säulenschafts stützen weibliche Gewandstatuen die Decke.

Begnadeter Staatsmann

Während der Blütezeit Athens, die von Kunst, Architektur, Religion, Philosophie und der Errichtung der Demokratie geprägt war, übernahm Perikles (etwa 500–429 v. u. Z.) die Macht. Der Potiker galt als hervorragender Rhetoriker, Stratege und radikaler Demokrat, der fast jährlich wieder gewählt wurde. Ein großzügiges Bauprogramm, Familienpolitik und die Sicherung der Vollbeschäftigung standen auf seinem Programm. So ließ er die Akropolis ausbauen, den Parthenon errichten und die Propyläen, verband Athen mit dem Hafen von Piräus. Auch führte er den 1. und 2. Peloponnesischen Krieg mit Sparta, der viel später die Unterwerfung Athens nach sich ziehen sollte. Mit der Zeit forderte Kritik aus der Bevölkerung die Beendigung der verschwenderischen Bauten. Es wütete die Pest, an der ein Drittel der Bevölkerung starb, darunter auch Perikles. Den Geist des Augenblicks hielt er mit folgenden Worten fest: „Künftige Generationen werden uns bewundern, wie uns das gegenwärtige Zeitalter schon bewundert."

Rekonstruktionsversuche aus dem 19. Jahrhundert (unten und rechts) zeigen einen Tempel im klassischen Stil. Betraten die

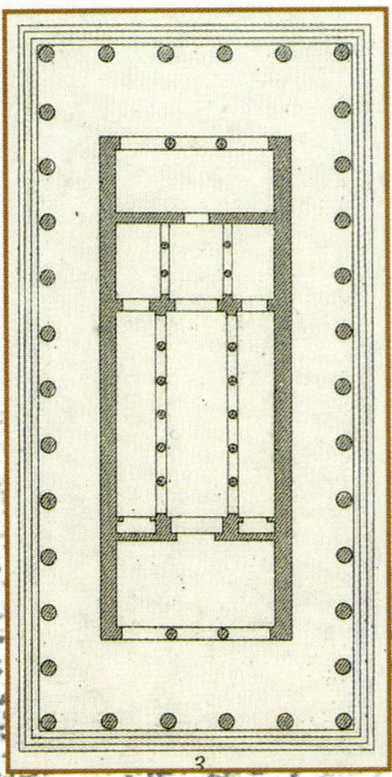

Besucherinnen und Besucher die Halle, sahen sie sich der gewaltigen Statue des Zeus gegenüber, die auf einem hohen Sockel saß (rechte Seite) und die Insignien der Macht in den Händen hielt.

ALTER: 433 v. u. Z. erbaut
ZWECK: Verehrung des Göttervaters Zeus
GRÖSSE: 12 Meter hohe Statue

GOLD UND MARMOR FÜR DEN GRIECHISCHEN GOTT

Alle vier Jahre ließen die Griechen sämtliche Waffen ruhen und wählten ihre besten Athleten aus, um in Olympia dem Göttervater Zeus zu huldigen. Ihm zu Ehren erbauten sie einen Tempel, in dessen Inneren er als eine gewaltige Statue saß, die der Hand des berühmten Bildhauers Phidias entstammte. Durch ihre Pracht und Schönheit galt die Zeus-Statue bald als eines der sieben Weltwunder. Ihr Ruhm stieg derart empor, dass es zur Pflicht eines jeden Griechen gehörte, einmal im Leben vor ihr zu stehen.

DIE SCHÖPFUNG DES PHIDIAS

Als Phidias 433 v. u. Z. die Statue des Zeus vollendete, hatte er allen Vorstellungen des griechischen Volkes über ihren Göttervater eine Form gegeben. Phidias galt zu der Zeit als der führende griechische Skulpturist. Seine Aufgabe war es, ein Standbild des Zeus zu schaffen, das im dorischen Tempel stehen sollte, der bereits von 466–456 v. u. Z. gebaut worden war.
Der Tempel mit vierundsechzig Metern Länge und siebenundzwanzig Metern Breite befand sich inmitten der heiligen Anlage Olympias. Über drei Stufen standen sechs Säulen an den Breitseiten und dreizehn Säulen an den Längsseiten. Jede Säule hatte einen Durchmesser von zwei Metern, nirgends auf dem griechischen Festland gab es mächtigere Pfeiler. Kostbarer Stuck und einundfünfzig Wasser speiende Löwenköpfe verzierten das Heiligtum. Die zwölf Taten des Herakles, entfesselte Feste der Kentauren und der beschützende Apollon schmückten Decken und Giebel. In diesem Heiligtum sollte die Zeusstatue ihre würdige Heimat finden.

„Die Kraft und die Hoheit des königlichen Weltherrschers, die freundliche Milde des Vaters und Fürsorgers, die strenge Würde des Vaters und Fürsorgers."

Dion von Prusa über die Statue des Zeus

Zu den klassischen Disziplinen der Olympischen Spiele gehörte der Ringkampf. Alle Kämpfer traten nackt an. Die beiden angreifenden Ringer aus Bronze stammen aus der Villa des Pisonen Herkulaneum und entstanden im 1. Jahrhundert v. u. Z., als die Wettkämpfe zu Ehren des Göttervaters alle vier Jahre in Olympia ausgetragen wurden.

In achtjähriger Arbeit erschuf Phidias eine Skulptur, die schnell den Ruf als eines der sieben Weltwunder erlangte. Seine Werkstatt lag dem Tempel gegenüber und besaß die riesigen Ausmaße, die nötig waren, um die Statue in voller Größe herauszubringen und gegenüber im Tempel aufzustellen. Betrat der Besucher den Sakralbau, sah er sich Zeus gegenüber, der auf einem Thron mit hohem Postament saß, das die olympischen Gottheiten versammelte. Der Thron aus Zedernholz war mit Elfenbein, Ebenholz, Gold und Edelsteinen verziert. Der Historiker Strabo beschrieb im ersten Jahrhundert die Statue: „Phidias schuf Zeus sitzend, mit seinem Kopf die Decke beinahe berührend, so dass wir den Eindruck haben, wenn Zeus aufstünde, er den Tempel abdecken würde." Die zwölf Meter hohe Statue war aus Elfenbein gearbeitet worden, Haar und Bart bestanden aus purem Gold, die Kleider trugen einen Goldüberzug und seine Füße ruhten auf einem goldenen Schemel. Zeus selbst war mit den Insignien seiner Macht und Weisheit geschmückt. Seit dem Sieg über die Perser 489 v. u. Z. wohnte die Siegesgöttin Nike direkt in Olympia. Sie stand mit dem Frieden bringenden Ölzweig auf der rechten Hand des Götterkönigs. In der linken Hand hielt Zeus das Zepter, auf dessen Spitze der Adler saß.

Olympische Spiele

Seit 776 v. u. Z. fanden alle vier Jahre zu Ehren des Zeus die Spiele in Olympia statt, jenem heiligen Ort, den Zeus' Sohn Herakles einst gegründet haben soll. Von da ab ruhten die Kämpfe zwischen allen Stadtstaaten, wenn sich die Griechen zum Wettkampf trafen – unter den Augen des weitsichtigen Zeus. Eröffnet wurden die Olympiaden mit einer ganztägigen Prozession, bei der Zeus gedacht, geehrt und geopfert wurde. Am darauf folgenden Tage konnten die Spiele beginnen. In vier klassischen Disziplinen kämpften die Athleten: Speer werfen, Ringen, Diskus werfen und Laufen sowie im Weitsprung, Faustkampf, Pferde- und Wagenrennen. Auch wurde ein Penthathlon über fünf Disziplinen ausgetragen. Nur die Wagenlenker trugen einen Schurz, alle anderen kämpften nackt, hatten sich mit Öl eingerieben und mit Sand beworfen, um die Fliegen abzuhalten. Vier Tage dauerten die reinen Wettkämpfe, an denen nur freie männliche Griechen, jedoch keine Ausländer und keine Frauen weder teilnehmen noch zuschauen durften. Die Sieger erhielten die damals höchste Auszeichnung, die einem Sterblichen zuteil werden konnte: einem Kranz aus Zweigen des Ölbaumes, der neben dem Tempel wuchs.

Nach dem Verfall der Anlage von Olympia zerstörten die Erdbeben zwischen 523 und 551 den Großteil des Tempels (links). Im 19. Jahrhundert entstanden zahlreiche Rekonstruktionsversuche, die den Tempel vor und nach seiner Zerstörung zeigen.

Das Ende einer Ära

Alle vier Jahre bis 393 fanden die sportlichen Spiele zu Ehren des griechischen Gottes statt. Zu diesem Zeitpunkt hatte das Christentum in Rom und auch Griechenland bereits den Status der Staatsreligion erreicht, und seine Vertreter ließen die kultischen Spiele verbieten. Kaiser Theodosius, ein christlicher Anhänger, ließ im Jahre 426 alle Götzenaltäre zerschlagen – und dabei wahrscheinlich die vielfach verehrte Statue des Zeus. Der Tempel selbst hielt den schweren Erdbeben in den Jahren 523 und 551 nicht stand. Wie der Zeustempel ausgesehen haben mag, lässt sich beim Anblick des Apollontempels nahe Olympias vielleicht erahnen.

Griechische Blütezeit

Sternenkunde, Weberei und auch die Seefahrt kamen aus den ägyptischen Hochkulturen mit den Babyloniern nach Griechenland. Nach der Blüte der minoischen Kultur auf Kreta, der mykenischen Kultur und dem sagenhaften, erst durch Homer Jahrhunderte später aufgezeichneten „Trojanischen Krieg", entwickelte sich auf dem Festland die griechische Kultur. Ihr gehörten vor allem die erstarkten Stadtstaaten wie Athen, Sparta, Korinth, Theben und Milet an, die sich außerdem im ionischen Bund zusammenschlossen. Fast jede Stadt prägte ihre eigenen Münzen. Die Politik und Tagesgeschäfte bestimmte die Polis, der Staat aus der Stadtgemeinschaft. Diesem stand niemals ein halbgöttlicher Monarch wie bei den Ägyptern vor, sondern Aristokraten, auch Tyrannen oder das Volk. Als Phidias die Statue des Zeus erbaute, wurde er von seinem Freund und athenischen Staatsmann Perikles unterstützt. Als der Bildhauer das Standbild der Athene für den Parthenon in Athen mit Gold überzog, klagten ihn die Athener der Unterschlagung und Gottlosigkeit an und warfen ihn in ein Gefängnis, wo er verstarb. Auch

Das Vorbild des Heratempels in Paestum (unten), der in frühklassischer Zeit entstand, war der Zeustempel in Olympia.

Poseidon (rechts), Gott der Meere, teilte sich mit seinem Bruder Zeus die Weltenmacht. Diese Bronzeplastik wurde etwa um 460 v. u. Z. geschaffen.

sein Gönner Perikles wurde gestürzt und erlag 429 v. u. Z. dem Fieber und der Pest.

Olymp – Herberge der Götter

Nachdem sich die neuen Götter in der dritten Generation unter Zeus die Herrschaft über die Welt und das Universum erkämpft hatten, wählten sie sich den höchsten Berg Griechenlands, den Olympos mit 2917 Metern Höhe, als Festung, Herrschersitz und Thron aus. Von hier aus lenkte Zeus die oberste Gewalt über Himmel, Erde und Meer. Seinem Bruder Hades und dessen Gattin Persephone übertrug er die Herrschaft über die Unterwelt. Den anderen Bruder Poseidon erhob er zum Herrscher der Meere. Auf dem Olympos lebte Zeus mit seinen Göttern in ewiger Jugend. Sein Sohn Hephaistos, Herr über das Feuer und die Schmiede, erbaute die Paläste, in denen auch Zeus' Frau Hera, die Beschützerin der Mütter, wohnte. Die weise Göttin Athene, der heilende und strafende Apollon und seine Zwillingsschwester Artemis, die Göttin der freien Natur, sowie Aphrodite, die Göttin der Liebe, waren auf dem Olymp ebenso zu Hause wie zahlreiche andere Gottheiten. Der Götterberg hüllte sich in Wolken, die sich nur öffneten, wenn ein Gott herausging. Dann öffneten oder schlossen die Bewacherinnen des Eingangs, die Horen, die Tore mit goldenen Wolken.

Göttervater Zeus

Gewalt und Intrigen waren der Inthronisierung des obersten Gottes der Griechen vorausgegangen. Uranos, der Himmel, wurde von seinem Sohn Kronos entmannt, den wiederum Zeus tötete. An der Spitze der Weltenmacht überließ dieser seinen Geschwistern die Unterwelt und das Meer, kämpfte gegen die Giganten und sicherte sich die oberste Gewalt. Der Blitze schleudernde Gott bewohnte den heiligen Berg Olymp.

Ihm oblag die höchste Weisheit der Welt, die Harmonie des Himmels und die Gesetzmäßigkeiten auf Erden. Er konnte jede Gestalt annehmen und zeugte auf diese Art zahlreiche göttliche und halbgöttliche Nachfahren. Auch der irdische Herrscher empfing die Macht von Zeus selbst.

Im Pantheon der Gottheiten

In der klassischen Zeit der griechischen Kultur verehrten die Menschen zahlreiche Götter:
Neben dem Göttervater Zeus saß seine Gattin Hera, die Beschützerin der Mütter und Frauen. Da Zeus ständig anderen Göttinnen, Nymphen und auch menschlichen Frauen nachstellte, war Hera in ständiger Eifersucht. Apollo, der jugendliche Gott der Musik, war für den Ritus und das Orakel zuständig. Seine Schwester Artemis lebte als Jägerin und war eine dem Mond zugeordnete Naturgöttin. Athene beschützte das Handwerk, aber auch den Krieg, wobei Ares als reiner Kriegsgott auftrat. Als Göttin der Liebe und Schönheit fungierte Aphrodite, die aus dem Meer geboren wurde. Die Göttin des Getreides, Demeter, stand für Tod und Wiedergeburt und für den Frühling.
Hephaistos lebte als Gott der Schmiede und des Kunsthandwerks neben dem Feuer. Göttin des Herdfeuers war jedoch Hestia.

Poseidon, Gott der Meere, teilte sich mit seinem Bruder Zeus die Weltenmacht. Der Götterbote Hermes trug beflügelte Schuhe und geleitete die Seelen in die Unterwelt, wo Zeus' Bruder Hades mit Demeters Tochter Persephone herrschte.

Die Einzelteile (oben) zierten einst den Westgiebel des Zeustempel und zeigen Apollon in der Mitte, der mit gebieterischer Geste im Kampfgetümmel der Kentauren gegen die Lapithen auftritt.
Die Rekonstruktion (links) stellt eine Variante der Zeus-Statue dar, die mit der rechten Hand die Siegesgöttin Nike in die Höhe hält.

„Artemis sing ich, mit goldenen Pfeilen,
die lärmende, wilde, reine Jungfrau ...
geschmückt den Leib mit
goldenem Geschmeide, führt sie den Chor."
Homer

„Groß ist die Artemis der Epheser!"
Volk von Ephesos, 3. Jahrhundert

Ein Tempel der Superlative: Pracht und Reichtum für Artemis

Eine Säule blieb vom sagenhaften Tempel in Ephesos zurück, der einst der Göttin Artemis geweiht wurde und durch seine Pracht und Größe zu den sieben Weltwundern der klassischen Antike zählte. Das zweite Wunder erlebte Ephesos als Metropole im römischen Reich, als es zu den reichsten Städten der Welt gehörte und Paulus durch seine Briefe einen Platz in der Bibel zuwies. Die Mutter Jesu soll hier gelebt, der Apostel Johannes sein Evangelium und Homer seine Werke geschrieben haben. Doch die Göttin Artemis machte den Ort über die Jahrtausende hinweg unsterblich.

Weltstadt an der ionischen Küste

Bereits 2000 Jahre v. u. Z. entstanden die ersten Siedlungen neben dem Tempel der Muttergöttin Kybele. Die Mythologie berichtet von Tempelfrauen oder Amazonen, die sich am Fuße des Berges Panayir Dagh niederließen. Hier mündete der Kaystros ins Meer und bot einen einzigartigen Naturhafen, den bald Kaufleute aus allen Landesteilen, aus Anatolien und Europa, bewohnten. Als Schlüsselpunkt zwischen Ionien und Milet, zwischen Osten und Westen erreichte die Stadt großen wirtschaftlichen, kulturellen und politischen Reichtum. Die Perserkönige schätzten die Stadt ebenso wie die Herrscher Roms. Zu Ruhm verhalf den Ephesern ihr gigantischer ionischer Tempel der Artemis Ephesia: das Artemision. Mit der Zeit verlandete die fruchtbare Ebene um die Stadt. Der Hafen schob sich weiter ins Meer und bereits 200 v. u. Z. standen Ephesos und das Artemision im Sumpf. Um wirtschaftlich überleben zu können, wurde die Stadt in zwei Kilometern Entfernung zwischen Berghügeln erneut aufgebaut. Der Tempelbezirk blieb an alter Stelle. Perser und Römer übernahmen fortan abwechselnd die Herrschaft. Schließlich ging Ephesos 190 v. u. Z. in die Hände des römischen Kaiserreichs über. Als Metropole der Provinz Asia zählte es weiterhin zu den internationalen Weltstädten.

Etwa 250 000 Einwohner lebten im Prunk riesiger Badekomplexe, Bibliotheken, Villen

Alter: erster Tempel entstand 560 v.u.Z; nach dem Brand 356 v.u.Z. zum Weltwunder ausgebaut, 120 Jahre Bauzeit
Zweck: Heiligtum für die Göttin Artemis
Grösse: 78 Meter Breite, 131 Meter Länge

An der anatolischen Küste blühte einst die Hafenstadt Ephesos (linke Seite). Hier schrieb Homer seine bekannten Werke, hier soll die Mutter von Jesus ihre letzten Lebensjahre verbracht haben. Weltberühmt wurde die Stadt jedoch durch den größten Tempel der Antike: den Artemistempel. 250 000 Menschen versammelten sich dort während des Artemisfestes im April, um der Göttin zu huldigen. Sie stand als Abbild ihrer selbst im Inneren des Heiligtums und empfing die Eintretenden (Rekonstruktion, linke Seite unten). Eine einzelne, wieder zusammengesetzte Säule (links) erinnert heute an das klassische Weltwunder in Ephesos.

Die Celsus-Bibliothek (oben), ein monumentales Bauwerk mit Statuen, Nischen und Wohnräumen, entstand im Jahre 135 v. u. Z. für den Gouverneur der Provinz Asien.

und Heiligtümer. Kamen Schiffe im nahe gelegenen Hafen an, mussten die Besucher erst in Quarantäne und einen Tag in der Badeanstalt zubringen, ehe sie Ephesos besuchen durften. Ausgedehnte Wasserleitungssysteme durchzogen Häuser und Marmorstraßen, Latrinen und Kaufmannsviertel. Säulen und Prunkbauten säumten die Wege und Paläste. Die einheimischen Bürger, zu denen ausschließlich Männer gehörten, vergnügten sich im antiken Theater, das bis zu 25000 Menschen fassen konnte. Das jährliche Geburtstagsfest der Artemis, zu dem bis zu einer Million Menschen kamen, begründete den Ruf Ephesos'. Die gesamte Herrschaft lag in männlicher Hand. Frauen durften weder die öffentlichen Plätze betreten noch an Aufführungen im Theater teilnehmen. Sie hüteten das Haus und kümmerten sich um Sklaven und wohltätige Zwecke.

Kult und Christentum

Ab dem ersten Jahrhundert unserer Zeitrechnung nahm die Glanzzeit Ephesos' ab. Bis zum Jahre 111 blieb der Artemistempel erhalten. 263 plünderten die Goten das Heiligtum und brannten es nieder. Zwar wurde der Artemistempel teilweise wieder errichtet, im Jahre 391 jedoch für immer geschlossen. Zu diesem Zeitpunkt nahm das Christentum auf Anordung Theodosius I. die Funktion der Staatsreligion ein. Sämtliche heidnischen Kulte wurden verboten. Reste des Tempels lieferten Baustoffe für die christlichen Kirchen und Moscheen. Ganz in der Nähe des Artemisions entwickelte sich eine weit reichende Marienverehrung. Die Jungfrau Maria selbst soll nach dem Tode Jesus in Ephesos gelebt haben. Der Apostel Johannes schrieb hier sein Evangelium. Im 5. Jahrhundert tagte das dritte ökumenische Konzil, bei dem 200 Bischöfe über die Jungfräulichkeit der Mutter Maria diskutierten. Über dem Grab des Johannes wurde eine Kirche erbaut, die beinahe die Größe des Artemistempels erreichte.

Gigantischer Tempel

Als die ersten mythischen Erbauerinnen des Göttinnentempels gelten die Amazonen, die ihrer Jagd-, Schutz- und Muttergöttin einen archaischen, ummauerten Tempel widmeten. Etwa 560 v. u. Z. bauten die Epheser unter Anleitung der berühmten Architekten Chersiphron und Metagenes den Tempel prunkvoller auf. Auch der Samier Rhoikos, der das Heraion auf Samos erbaute, half mit neuen architektonischen Erkenntnissen. Der Heratempel auf der benachbarten Insel Samos besaß gigantische Ausmaße und galt als das größte Bauwerk der damaligen griechischen Kultur. Seine Grundfläche betrug 52,5 m mal 105 Meter.

Das Artemision auf ionischer Seite sollte den Bau noch übertreffen und mit 55 Metern Breite und 115 Metern Länge in die Geschichte eingehen. 127 Säulen, von denen der lydische König Krösus die meisten spendete, umgaben in mehreren Reihen das Heiligtum. Das gesamte Bauwerk bestand aus Marmor und galt bereits damals als eines der sieben Weltwunder. Allein über zwanzig Tonnen wog ein Balken, den die Göttin Artemis Ephesia selbst an die richtige Stelle gehoben haben soll.

356 v. u. Z. wurden große Teile des alten Artemisions durch Brandstiftung zerstört. Vorhänge und Dachgebälk brachten den Tempel zum Glühen, so dass der Marmor zerplatzte.

Der Neubau des Artemisions sollte noch gigantischer werden. Auf einem erhöhten Unterbau entstand ein Podiumtempel mit 78 Metern Breite und 131 Metern Länge. Mehrreihige Säulen umgaben das Heiligtum, und vier Amazonenstatuen schmückten den Giebel aus drei Toren. Nach 120 Jahren Bauzeit erstrahlte das Weltwunder erneut und galt für die nächsten 500 Jahre als Heiligtum und Wallfahrtsort. Erst die Goten und die neue Religion, das Christentum, brachten den Tempel zu Fall.

Das Standbild der Artemis Ephesia unterschied sich von seinem griechischen Pendant, das autark in den Wäldern lebte und mit Pfeil und Bogen den Tieren nachstellte. Ephesia galt im Gegensatz zu dieser als Natur- und Muttergöttin. Die eierförmigen Gebilde, die wahrscheinlich Stierhoden symbolisieren, sollten ihr zu ewigem Leben verhelfen.

Ein Bruchstück einer Säule des Artemisions zeigt den Götterboten Hermes, wie er eine Seele in die Unterwelt führt. Der geflügelte Todesengel steht ihm zur Seite.

Artemis Ephesia

Die römische Göttin Artemis, Tochter des Göttervaters Zeus, herrschte über Tiere und Pflanzen und galt als die „göttliche Jungfrau". Zu dieser Zeit hatte der Beiname „Jungfrau" nicht unbedingt etwas mit Sexualität zu tun, sondern wies darauf hin, dass die junge Frau allein und ohne männlichen Gebieter lebte. Ihren mythologischen Ursprung findet die Göttin in der anatolischen Berg- und Muttergöttin Kybele. Diese traditionelle kleinasiatische Muttergöttin gilt als Vorläuferin der griechischen Artemis. Aus ihr entstanden verschiedene Göttinnen, die zwar den Namen Artemis trugen, jedoch für den jeweiligen Landstrich typische Wesenszüge aufwiesen. In Ephesos beteten die Menschen neben Kybele nun Artemis Ephesia an und erbauten ihr einen Tempel, der durch seine Pracht zu den sieben Weltwundern der Antike gehörte.

Die Statue der Artemis

Einst stand das Kultbild den Besucherinnen und Besuchern in der Tempelhalle gegenüber, blickte von Ost nach West, um Europa mit Asien zu verbinden. Da es bei Prozessionen durch die Stadt getragen wurde, konnte es nicht die riesigen Ausmaße besitzen, die ihm angedichtet werden. Gold, Ebenholz, Silber und Edelsteine schmückten das Standbild. Ähnliche Steinstatuetten des Tempels vergruben die Epheser im Boden des Rathauses, als die Goten den Artemistempel plünderten. Als Archäologen vor über einhundert Jahren mit den Ausgrabungen begannen, fanden sie drei Artemisfiguren, die „schöne" Artemis, die große Artemis in doppelter Menschengröße und die kopflose, kleine Artemis.
Aus den drei Statuen kann das Standbild im Tempel rekonstruiert werden und dabei zeigt sich, dass die asiatische Artemis ein ganz anderes Gewand als ihr griechisches Ebenbild trug, das mit Pfeil und Bogen bewaffnet Tieren nachstellte. Das Kleid der Artemis Ephesia, der großen Mutter, verzierten Symbole der Fruchtbarkeit. Auf dem Kopf trug sie Wulstringe, auf denen der Polos – der Götterhut – saß. Stiere und Fabelwesen dekorierten den Nimbus. Den engen Rock schmückten Lämmer, Löwenköpfe, Krabben, Rehe und Ochsen sowie Bienen, die Wappentiere der Epheser. Der Oberkörper war in mehreren Reihen mit Kugeln behängt, die der Göttin den Beinamen „mehrbrüstig" eintrugen. Doch kaum Brüste, sondern vielmehr Eier oder Stierhoden, die jeher in allen Kulturen als Symbole der Fruchtbarkeit galten, hingen der Göttin um den Hals. Bei Opferritualen hängten die Epheser ihrer Artemis die Hoden der geopferten Stiere als Schmuck um, damit sie ewiges Leben und unendliche Gunst besitze, verehrten sie das Standbild doch so, als ob es lebte. In den Händen hielt die asiatische Göttin vermutlich Stäbe. Aus Marmor gefertigte Bänder und Binden aus Wolle umwickelten die Handgelenke und hingen als Quasten zum Boden. Auf den Münzen, die auch im Artemistempel gefunden wurden, sind Gestalt und Bänder der Artemis Ephesia sichtbar. Eine vollständig erhaltene Statue oder das tatsächliche Kultbild konnten bisher nicht entdeckt werden.

Der göttliche Alexander

In der Nacht des 21. Juli 356 v.u.Z. brannte der Artemistempel durch die Hand eines Psychopathen nieder. Zur gleichen Zeit soll Alexander von Makedonien das Licht der Welt erblickt haben. Alexanders Mutter beschwor, dass Zeus persönlich der Vater Alexanders sei und der Brand des Artemisions als ein Omen gelte, das von der Geburt eines großen Herrschers künde: Die göttliche Artemis hätte in dieser Nacht nicht über ihr Heiligtum wachen können, da sie als Geburtshelferin beistand. Als der fünfundzwanzigjährige Alexander im Jahr 331 v. u. Z. nach seinem Sieg über die Perser Ephesos besuchte, wollte er den Tempelaufbau unterstützen. Doch die stolzen Epheser lehnten das Angebot mit der Begründung ab: „Einem Gott gezieme es nicht, einem anderen Gott einen Tempel zu bauen."

Asylrecht und Amazonen

Berühmtheit erlangte der Tempel auch durch sein Asylrecht, das er allen Verfolgten gewährte und das die sagenhaften Amazonen eingeführt haben sollen. Das streitbare Frauenvolk, das nicht nur an der Seite der Trojer gegen die Griechen kämpfte, sondern auch als Bogenschützinnen einen herausragenden Ruf genoss, gilt als mythisches Gründerinnenvolk des Ortes. In der sicheren Zuflucht des Artemisions verbargen sich nicht nur Geflohene und politisch Verfolgte. Hier horteten Herrscher und Reiche ihre Schätze, vergaben Kredite und schlossen Geschäfte ab.

Im Widerstreit der Christen

Nach dem Tode Christi begann sich das Christentum zu verbreiten. Paulus hielt sich damals auch bei den Ephesern auf, die von der Verehrung ihrer Göttin, den Prozessionen und Pilgern lebten. Handwerker fertigten silberne Artemisbilder, die sie an die Besucher verkauften. Knapp eine Million Theaterbesucher, Sportler und Musiker aus der ganzen Welt kamen anlässlich des Artemisfests im Frühling nach Ephesos und kauften die Waren der Handwerker. Der christliche Paulus lehnte alle Götzenbilder ab. Da diese von Hand gefertigt waren, seien sie keine Götter und dürften nicht angebetet werden. Der Goldschmied Demetrius sah durch die neue Religion und Paulus' Bestreben seinen Lebensunterhalt in Gefahr. Er versammelte sich mit anderen Handwerkern im großen Theater und rief: „Groß ist die Artemis der Epheser." Die aufgebrachte Menge schwoll auf tausende Menschen an. Daraufhin verwiesen die Stadtväter Paulus aus der Stadt. Er wurde gegenüber in den Hügeln interniert, bis er schließlich Ephesos verließ.

Seitliche hohe Mauern fassten das große Theater (unten) ein. Drei Stockwerke mit Säulen, Statuen und Nischen bildeten die Bühne. Auf den Sitzreihen fanden 25 000 Zuschauer Platz. Vom großen Theater führt die Hafenstraße, die Arkadiane, zum Meer. Sie war 530 Meter lang und 21 Meter breit, den Mittelteil bedeckten Mamorplatten, die Ränder säumten Säulen und Statuen. Nachts leuchteten Öllampen. Am Hafen mündete die Straße in das große Hafentor, das heute inmitten der verlandeten Wiesen und Sümpfe steht.

DAS MAUSOLEUM VON HARLIKARNASS

Es galt als das schönste Grabmal seiner Zeit. Im 4. Jahrhundert vor der Zeitrechnung plante der Statthalter Mausolos von Karien an der Südwestküste der Türkei in Harlikarnass eine Totenstätte, die ihm zu unsterblichem Ruhm verhelfen sollte. Sein Plan ging gleich zweifach auf: Bereits im 1. Jahrhundert v. u. Z. erklärte der führende römische Architekt Vitruv das Bauwerk zu einem der sieben Weltwunder – und bis heute wird jedes monumentale Grabmal als „Mausoleum" bezeichnet.

ALTER: 351 v. u. Z. erbaut
ZWECK: Grabmal für Mausolos
GRÖSSE: 33 Meter breit, 39 Meter lang, 50 Meter hoch

KRIEGSFÜHRER UND TYRANN

Mausolos übernahm 377 v. u. Z. das Amt des Satraps von Karien, des persischen Statthalters, an der Südwestküste der heutigen Türkei, herrschte jedoch wie ein Tyrann. Er prellte die Bewohner der Hauptstadt Mylasa um Geld, indem er ihnen den Bau eines Schutzwalls versprach. Mit diesem Geld gründete er die Stadt Harlikarnass am Keramischen Meerbusen und verlegte dorthin den Regierungssitz. Die Stadtmauer blieb er den Mylasiern schuldig und erklärte, dass die Götter ihm den Mauerbau verboten hätten. Von seinem verborgenen Meerhafen aus konnten die Kriegsschiffe in See stechen, ohne dass der Feind sie erblickte. Er zog in den Krieg gegen Milet und Ephesos, unterwarf Teile Ioniens und Lydiens. Den Bau für das nach ihm benannte Mausoleon oder Mausoleum plante er bereits zu Lebzeiten. Als er 353 v. u. Z. starb, regierte seine Schwester und Gemahlin Artemisia bis zu ihrem Tod zwei Jahre später. In dieser Zeit ließ sie das Grabmal errichten und beauftragte dafür die damals bekanntesten Architekten und Bildhauer. Wenige Zeit nach Artemisias Tod soll das Mausoleum vollendet worden sein.

Das Mausoleum von Harlikarnass inspirierte viele Künstler, die sich ein Bild des Monumentes machten. Der Entwurf (links) stammt aus dem 19. Jahrhundert. Auf der Spitze des Monuments stand eine Quadriga, ein von vier Pferden gezogener Streitwagen in doppelter Lebensgröße. Spätere Ausgrabungen setzten den Pferdekopf (oben) frei, der im Britischen Museum in London ausgestellt wird.

EIN GRABMAL FÜR DEN KÖNIG

In einem Sockel von 33 Metern Breite und 39 Metern Länge lag die Grabkammer, die den Sarkophag des Königs Mausolos aufnahm. Der anschließende viereckige Geschossbau war mehrstufig angelegt und reich verziert, unter anderem mit dem berühmten Amazonenfries, dessen Teilstücke heute im Britischen Museum in London hängen. Auf diesem Unterbau erhob sich der im griechischen Stil gehaltene Grabtempel mit 36 Säulen. Die Cella schmückten Statuen und Löwenfiguren. Das Dach erhob sich als

„...eines der sieben Weltwunder zerstörten (die Johanniter), das alle Barbarenstürme überdauert hatte."

Claude Guichard, Reisender, 1581

Das Mausoleum ging aufgrund seiner gewaltigen Erscheinung mit 50 Metern Höhe bald in die Geschichte der Weltwunder ein. Im unteren Sockel befand sich der Sarkophag. Die rechteckigen Geschosse trugen die viel gerühmten Friese. Im Tempel standen die Statuen der Götter, aber auch die Abbilder der beiden Herrscher. Über dem pyramidenförmigen Dach thronte die Quadriga.

Der Amazonenfries wurde von Skopas, einem griechischen Bildhauer, geschaffen und zierte ein Geschoss des Mausoleums. Griechen kämpfen gegen das starke Volk der Amazonen, die bereits seit dem Trojanischen Krieg für ihre Kampfkunst bekannt waren.

Mausolos (rechte Seite, rechts) und Artemisia (rechte Seite, links), die Herrscher von Harlikarnass, ließen sich in Stein gehauen verewigen. Ihre Statuen fanden im Mausoleum ihren Platz – wo, ist allerdings nicht geklärt. Ob es sich bei den beiden nebenstehenden Statuen aus dem Britischen Museum in London tatsächlich um das Herrscherpaar handelt, ist ebenfalls ungewiss. Archäologen fanden sie bei Ausgrabungen und setzten sie aus Dutzenden von Einzelteilen zusammen.

24-stufige Pyramide mit Wasser speienden Löwen, worauf eine Quadriga saß. Die vier Pferde in doppelter Lebensgröße zogen einen Streitwagen, den der König mit seiner Schwester und Gattin Artemisia lenkten. Allein von diesem gewaltigen Viergespann blieb nur ein Pferdekopf erhalten, der ebenfalls im Britischen Museum in London zu sehen ist. Neben dem Baumeister Pythos wurden fünf der besten Bildhauer der griechischen Welt verpflichtet: Bryasis, Leochares, Skopas, Timotheus und Praxiteles. Vier waren für die Ausschmückungen jeder Seite des Bauwerks verantwortlich, während der fünfte die Quadriga auf der Spitze des Daches schuf. Wo die beiden Monumentalstatuen von Mausolos und Artemisia standen, die aus mehr als sechzig Einzelteilen nach der Zerstörung und Entdeckung wieder zusammengebaut wurden, ist bis heute unklar. Sämtliche Beschreibungen des Weltwunders wurden nur schriftlich überliefert und stammen aus den Federn berühmter Architekten. Knapp tausend Jahre lang blieb das etwa 50 Meter hohe Bauwerk von Verwüstungen und kriegerischen Auseinandersetzungen verschont. Bis ins 12. Jahrhundert legen Schriften darüber Zeugnis ab. Wann und wie das Mausoleum verfiel, ist bis heute unklar. Wahrscheinlich war ein Erdbeben der Auslöser. Ab 1400 erfolgte dann die völlige Zerstörung durch die Ritter des Johanniterordens, die Hölzer und Gestein des Mausoleums für ihr Kastell St. Peter als Baumaterial verarbeiteten. Über hundert Jahre lang nutzten sie das Trümmerfeld als Steinbruch. Nur Fragmente von Skulpturen und 13 Reliefplatten, die kämpfende Amazonen zeigen, blieben erhalten, da die Johanniter damit ihre Mauern schmückten. 1522 wurde selbst die Grabkammer geplündert. Verschiedene Skulpturen und Stücke blieben nur deshalb der Nachwelt erhalten, weil sie während des Erdbebens ins Meer geschleudert wurden.

Entdeckung und Ausgrabung

Im 17. Jahrhundert fielen die Reliefplatten und Skulpturen am Kastell St. Peter europäischen Besuchern auf. Doch erst zweihundert Jahre später interessierte sich die Wissenschaft dafür und fand heraus, dass es sich um Teile des berühmten Weltwunders handelte. Der britische Gesandte Stratford Canning setzte sich beim Sultan für die archäologischen Funde ein, der die Skulpturen und Reliefs dem Britischen Museum in London vermachte. Britische Grabungen fanden dann schließlich den historischen Standort und konnten Mitte des 19. Jahrhunderts die letzten Trümmerreste bergen.

VON ALEXANDER ZERSTÖRT

Das an der Südwestküste der heutigen Türkei gelegene Karien kam bereits unter dem Perserkönig Dareios, der 522 v. u. Z. den Thron bestieg, unter persische Herrschaft. Rund zweihundert Jahre später wurde Mausolos als Statthalter in dieser Provinz eingesetzt und war bekannt dafür, dass er sein Amt eher tyrannisch ausübte. Er kämpfte sowohl gegen als auch mit Persien als Verbündeten. Zwanzig Jahre nach seinem Tod unterwarf Alexander der Große die persische Provinz und wurde von der Bevölkerung als ihr Befreier gefeiert. Nach langem Kampf nahm er schließlich die Festung Harlikarnass ein und zerstörte Burg und Stadt.

Der Koloss von Rhodos

Einst stand eine Statue mit gewaltigen Ausmaßen am Hafen der Insel Rhodos und begrüßte die eintreffenden Besucher aus der ganzen Welt. Mit ihrer Höhe von etwa 30 Metern war sie bis auf das weite Meer hinaus zu sehen. Viele Reisende rühmten ihre Erscheinung und ließen das Bauwerk in die Geschichte als eines der sieben Weltwunder eingehen. Doch wie der Koloss tatsächlich aussah, bleibt bis heute ein Geheimnis, denn nirgendwo fand sich ein Abbild. Gerade 66 Jahre stand der Koloss, bevor ihn ein Erdbeben zum Einstürzen brachte. Wie der Ruf die Jahrhunderte überdauerte, zeigt die Freiheitsstatue in New York, die auch aus der Inspiration des antiken Weltwunders heraus entstanden sein soll.

Entwürfe aus dem Barock zeigen einen Koloss, der mit beiden Beinen die Hafeneinfahrt markiert haben soll. Dafür hätte die Statue gewaltige Ausmaße haben müssen, was jedoch nicht zu realisieren war.

Alter: fertig gestellt im Jahre 290 v. u. Z.
Zweck: Statue zu Ehren des Sonnengottes Helios, des Beschützers der Insel Rhodos
Grösse: etwa 30 Meter hoch

Dem Sonnengott zu Ehren

Die Insel Rhodos galt bereits in der antiken Mythologie als die Insel des Sonnengottes Helios. Noch bevor das Eiland aus dem Wasser auftauchte, soll bereits der Gott es für sich erwählt haben. Mit Zeus' Zustimmung vermählte sich Helios mit der Nymphe Rhode, die ihm drei Söhne gebar: Kameiros, Ialysos und Lindos. Jeder Sohn lebte und herrschte in einer eigenen Stadt, die sich nach ihm benannte. In ihrer wechselvollen Geschichte zogen die Rhodier in den Trojanischen Krieg, durchlebten regentlose Zeiten und schlossen sich zur dorischen Hexapolis zusammen, dem Bund der sechs Städte, wozu auch Harlikarnass mit seinem Mausoleum gehörte. Schließlich erstarkte die Stadt Rhodos am Nordostende der Insel und nahm die Vorherrschaft ein. Der Hafen entwickelte sich zum Umschlagplatz wichtiger Güter, so dass die Insel bald im Reichtum erblühte. Im Jahre 304 v. u. Z. schickte der als „Städtezertrümmerer" bekannte Demetrios Schiffe mit Belagerungsmaschinen in die Schlacht vor Rhodos, um die Insel zu erobern. Die Rhodier verteidigten ihre Stadt erfolgreich, erbeuteten die Schiffe und beschlossen, zum Dank des Sieges ihrem Sonnengott aus dem Erlös der Kriegsmaschinen ein außergewöhnliches Denkmal zu setzen: den Koloss von Rhodos.

Rekonstruktionsversuche

Wo der Koloss einstmals stand, ist bis heute unklar. Die Rekonstruktionsversuche nach äußerer Form und Erscheinung stützen sich nur auf Spekulationen. Dass die Statue mit gespreizten Beinen die Hafeneinfahrt markiert haben soll, wie eine Zeichnung des Barockbaumeisters Fischer von Erlach zeigt,

„Das schönste von all den Weihegeschenken und Statuen in der Stadt Rhodos aber ist der Koloss des Helios."

Strabo, gr. Geograph und Historiker, 63 v. u. Z. bis 26 u. Z.

Nach einer Darstellung aus dem 19. Jahrhundert, einem Abbild des Sonnengottes und körperlichen Studien entstand dieser Rekonstruktionsversuch, der den Koloss in einer möglichen Haltung am Hafeneingang zu Rhodos stehen lässt.

Helios steuert seinen Sonnenwagen über den Himmel. Der Kopf dieser apulischen Abbildung, die um 320 v. u. Z. entstanden ist, könnte eine Vorlage des Kolosskopfes sein.

ist nach genauerer Betrachtung unmöglich. Um die notwendige Spannweite zu erreichen, hätte der Koloss die mehrfachen Ausmaße benötigt. Außerdem galten im 3. Jahrhundert vor unserer Zeit andere ästhetische Prinzipien. Vielleicht ähnelte der Koloss eher dem auf Rhodos im Jahre 1932 entdeckten Helios-Relief, bei dem der Gott mit der Hand an der Stirn seine Augen beschattet und weit in die Ferne schaut. Sein Körper steht leicht gedreht und wird von dem Standbein getragen, während das andere Bein leicht angewinkelt ruht.

RAMPEN UND WÄLLE

Auch über die Errichtung wurde viel spekuliert. Historische Berichte vermerken nur das verwendete Baumaterial: 12,7 Tonnen Bronze und 7,6 Tonnen Eisen. Nach verschiedenen Berechnungen besaß der Koloss eine Höhe von 36 Metern. Im Verhältnis der Oberfläche zum verwendeten Material ergibt sich daraus die Schlussfolgerung, dass der Körper mit einer etwa 1,6 mm dicken bronzenen Außenhaut überzogen worden war. Ein Flechtwerk aus Holz, Eisen und Steinen sowie zahlreiche Säulen im Inneren verliehen der Figur die notwendige Festigkeit. Doch der Koloß war zu groß, um in einer Werkstatt im Ganzen gefertigt und anschließend zum Stellplatz transportiert zu werden. Da es zu jener Zeit noch keine fähigen Hebewerkzeuge gab, lässt sich heute nur vermuten, dass die Statue an Ort und Stelle langsam in die Höhe gebaut wurde. Chronisten sprechen von einer zwölfjährigen Bauzeit. Das bedeutet, dass der Koloss pro Jahr 3,6 Meter an Höhe gewann. Wie dies vonstatten ging, kann wieder nur vermutet werden. So ermöglichte vielleicht ein spiralförmig verlaufender Erdwall, der um den Koloss aufgeschüttet wurde, dass die Handwerker das Baumaterial zur Baustelle transportieren konnten. Gegen 290 v. u. Z. wurde der Koloss endlich eingeweiht.

Der Einsturz

Bereits 66 Jahre später brachte ein Erdbeben das Weltwunder zum Einstürzen. Der weit gereiste Geograph Strabo berichtete um die Zeitenwende: „Jetzt liegt er am Boden, umgestürzt durch ein Erdbeben, abgebrochen an den Knien.“ Hunderte Jahre lang zeugten die Trümmer von der Größe des Monumentes, bis die Sarazenen die letzten Reste des Weltwunders abrissen. Im Jahre 653 u. Z. soll schließlich ein Händler die Bronzehülle des Weltwunders auf 900 Kamelen zum Einschmelzen außer Landes gebracht haben.

Koloss macht Geschichte

Mit dem Ruf der gewaltigen Statue des Sonnengottes ging nicht nur das Bauwerk als Weltwunder in die Geschichte ein, sondern auch seine Bezeichnung setzte Normen. Galt in der griechischen Sprache ein Koloss bis dahin als Statue, so wird seit dem Koloss von Rhodos alles mit diesem Wort bezeichnet, was riesige Ausmaße besitzt.

Einer der Söhne Helios, Kameiros, begründete die gleichnahmige Stadt auf der Westseite der Insel Rhodos. Gekrönt wurde die Stadt vom Tempel der Pallas Athena, der Tochter des Zeus.

Das Vorbild aller Leuchttürme der Welt: Der Pharos von Alexandria

Etwa zwanzig Jahre dauerte der Bau des Leuchtturms von Alexandria. Das Wunderwerk war nicht nur besonders teuer, sondern vor allem eine außergewöhnliche technische Leistung. Seine Höhe von 122 Metern und wohl auch seine pompöse Einweihung im Jahre 279 v. u. Z. bescherte ihm den Ruf eines Weltwunders. Fast 1000 Jahre wies der „Vater aller Leuchttürme" den Seefahrern den Weg. Im 11. Jahrhundert wurde er zur Moschee umgebaut und schließlich im 14. Jahrhundert von einem Erdbeben völlig zerstört.

Alexander der Grosse

Im Jahre 336 v. u. Z. gelangte der junge Alexander mit gerade 22 Jahren an die Macht in Makedonien. Der berühmte Aristoteles, selbst Schüler des Platon, hatte den jungen Regenten im philosophischen Sinne erzogen. Alexander begann seine Regierungszeit mit einem grandiosen Feldzug: Er vertrieb die Perser aus Griechenland. Jede Küstenstadt, die er befreite, umjubelte den jungen Herrscher und stellte sich unter seine Krone. Somit schuf er ein Weltreich, unterwarf Palästina und zog in Ägypten ein, das bereits seine Glanzzeiten hinter sich gelassen hatte. 332 v. u. Z. gründete er dort auf einer Landzunge am Mittelnmeer eine Stadt, die fortan seinen Namen trug: Alexandria. Auf seinem Feldzug durch die Libysche Wüste huldigten ihm die Priester am Orakel des Zeus als Sohn des Göttervaters.
Als Mensch gewordener Gott trat er seine berühmteste Schlacht an, die ihm den Sieg über Persien einbrachte und ihn schließlich zum Herrn über Asien machte. Wenig später erlag Alexander der Große mit gerade 33 Jahren einem Fieber in Babylon und wurde in Alexandria beigesetzt.

Von den Göttern zu den Wissenschaften

Napoleon rühmte die Hafenstadt viele Jahrhunderte später: „Durch die Gründung Alexandrias hat Alexander sich berühmter gemacht als durch seine glänzenden Siege. Es ist die Stadt, die das Herz der Welt werden muss."
Alexander selbst schritt nach altem Ritual die Stadtgrenzen ab: 5500 Meter Länge und 1300 Meter Breite. Der Architekt Dinokrates legte nach den Wünschen Alexanders den Grundstein für eine Stadt, die sich zur größten und reichsten Stadt Griechenlands entwickeln sollte. Nach Alexanders Tod übernahm dessen Verwandter Ptolemäus die Macht in Ägypten und Alexandria. Dreihundert Jahre lang sollte seine Dynastie der Ptolemäer dort herrschen und Alexandria zum Mittelpunkt des Welthandels machen. Schiffe und Karawanen begannen und beendeten in Alexandria ihre Reisen. Menschen, Völker, Kulturen und Religionen sammelten sich und schufen den griechisch-ägyptischen Stil. Die Zeit der Götterherrschaft war vorbei, neue moralische Werte und Vorstellungen lösten sie ab. Fortan stand der Mensch im Mittelpunkt und die neuen Wissenschaften entstanden. Während des Alexandrini-

> *„Pharos ist eine viereckige Insel ... auf ihr steht ein Turm, der wunderbar aus weißem Stein erbaut und mit zahlreichen geschichtlichen Darstellungen geschmückt ist und den gleichen Namen trägt wie die Insel."*
>
> Strabo, Geograph, 64 v. u. Z. – 21 u. Z.

Alter: 279 v. u. Z. fertig gestellt
Zweck: modernster Leuchtturm seiner Zeit
Grösse: 122 Meter hoch

Der Pharos von Alexandria (linke Seite) ließ Ptolemäus gegen 300 v. u. Z. erbauen. Er galt als der größte und modernste Leuchtturm seiner Zeit. Wie alle Weltwunder regte er die Fantasie der Künstler an.

Alexander der Große, hier bei einer Schlacht gegen die Perser dargestellt, bezwang deren König Dareios. Auf diesem Mosaik sprengt er dem Perserkönig entgegen, dessen Wagenlenker die Pferde wenden muss.
Der Welteroberer gründete die nach ihm benannte Stadt Alexandria an der Nordwestspitze des Nildeltas nach altem Ritual und wurde hier nach seinem Tode begraben.

schen Zeitalters wurde im astronomischen Observatorium die Erde vermessen und ein Verzeichnis der Gestirne angelegt, die mathematischen und physikalischen Wissenschaften ausgebaut, der Flaschenzug erfunden und die Dampfmaschine beschrieben. Ihren Triumph feierte die Technik allerdings in einem der Bauwerke, das noch heute als eines der sieben klassischen Weltwunder gilt: der Leuchtturm von Alexandria.

Der Leuchtturm – Triumph der Technik

Ptolemäus veranlasste um 300 v.u.Z. den Bau des größten Leuchtturms der damaligen Welt. Doch erst 20 Jahre später konnte dieser unter dem nächsten Herrscher, Ptolemäus Philadelphos, fertiggestellt werden. Für den Standplatz stand die vorgelagerte Insel Pharos zur Auswahl, deren Name der Leuchtturm erhielt. Ein 1,3 Kilometer langer Damm, der über die Jahrhunderte zu einem Stadtteil ausgebaut wurde, verband die Insel mit dem Festland.
Auf einem massiven Fundament, das von Mauern umschlossen war, erhob sich der Leuchtturm in drei Stockwerken. Den untersten Teil bildete ein quaderförmiges, sich leicht nach oben verjüngendes Viereck, an dessen Ecken jeweils ein Meeresgott Triton die vier Himmelsrichtungen grüßte. Zu jeder vollen Stunde tönte einer der Götter, während der andere ins Horn stieß, wenn sich Schiffe näherten, denn hier befand sich der Wachturm. Von diesem Sockel aus erhob sich das etwas zurückgesetzte, achteckige Geschoss von etwa 34,5 Metern Höhe. Ein Aufzug im dritten Stock beförderte Brennstoff für das Leuchtfeuer, das Tag und Nacht an der Spitze brannte. Ein Hohlspiegel aus polierter Bronze verstärkte das Licht und warf es auf das Meer hinaus, wo es noch in 55 km Entfernung gesehen werden konnte. Eine riesige Statue krönte das Bauwerk. Auf der Spitze des Daches stand entweder der griechische Meeresgott Poseidon, eine bronzene Statue Alexanders oder die des ersten Herrscher Ptolemäus im Gewand des Sonnengottes Helios.

Der Verfall

Das Alexandrinische Zeitalter hielt sich bis zur Regierungszeit Kleopatras. Als die Stadt im Jahre 30 v.u.Z. an Rom fiel, begann deren Verfall. Der Pharos überdauerte noch einige Jahrhunderte. Doch ein Erdbeben zerstörte im 7. Jahrhundert die Leuchtanlage, woraufhin der Turm seine Funktion trotzdem ausüben konnte. Erst ein Erdbeben im 14. Jahrhundert brachte die Anlage endgültig zum Einsturz. Auf den Resten errichteten die Mamelucken im 14. Jahrhundert das Fort

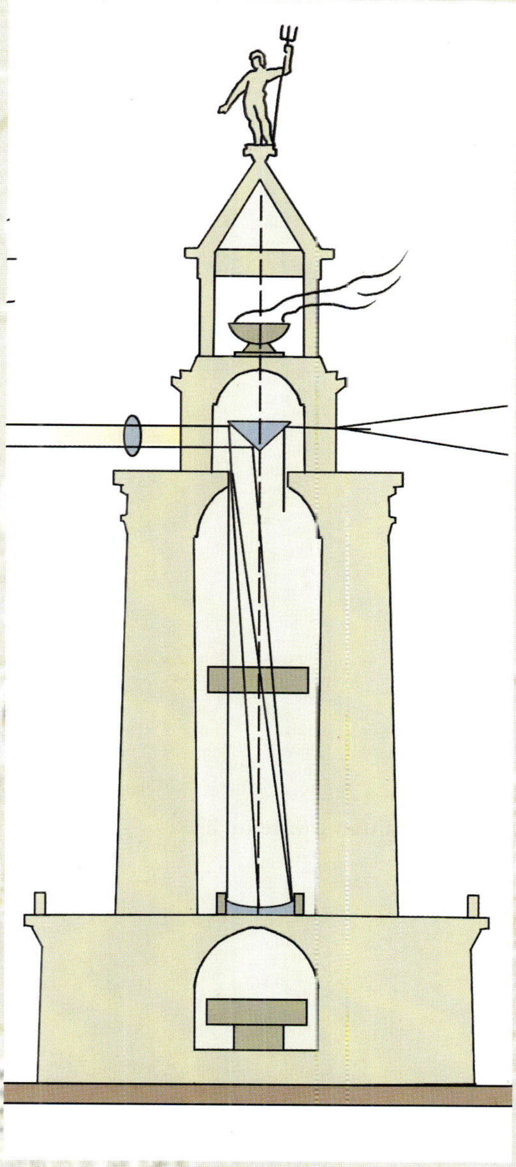

1000 Jahre lang wies der Pharos den Seefahrern den Weg. Das Innere aus Gängen und Kammern zeigt die Abbildung links.
Die rechte Abbildung verdeutlicht die Technik, mit deren Hilfe das Leuchtfeuer an der Spitze des Turmes Tag und Nacht brannte. Ein Hohlspiegel verstärkte die Strahlen und warf sie weit auf das Meer hinaus.

Kait Bay, in dessen Mauern Säulestümpfe zu erkennen sind. Nur das Fundament des Pharos blieb erhalten und ist – allerdings unter Wasser – auch heute noch gut sichtbar.

Die Bibliothek von Alexandria

In der Bibliothek lagerten um 100 v. u. Z. an die 700 000 Papyrusrollen, die den vielleicht einzigen Wissensfundus der damaligen Welt bildeten. Der verheerende Brand im Jahre 40 u. Z. vernichtete die gesammelten Aufzeichnungen und warf die Wissenschaft viele Jahre zurück.

Der Gordische Knoten

Alexander der Große löste den berühmten Gordischen Knoten. Nach einem alten Orakel sollte an diesem Knoten in Gordion das Schicksal Asiens hängen. Als Alexander den Knoten sah und das Orakel vernahm, hieb er ohne lange zu zögern den Knoten mit seinem Schwert entzwei.
Seine Prophezeiung sollte sich erfüllen: Wenige Jahre später gelang ihm der absolute Sieg über die Perser, wodurch Alexander zum Herrn über Asien aufstieg und Asiens Schicksal nachhaltig bestimmte.

Abbildungen des Leuchtturms sind auch auf antiken Münzen zu finden. Der Pharos markierte den Schiffen die Einfahrt zum Hafen (rechts). Auch die Göttin Isis wurde in Alexandria verehrt und nahm ihren Platz neben dem Leuchtturm ein (links).

Die große Mauer, hier in einer Darstellung aus dem 19. Jahrhundert, schirmte China vor einfallenden Mongolenhorden ab. Auf ihrem Wall konnten Fuhrwerke fahren und zehn Infanteristen nebeneinander marschieren.
Heute gehört das Bauwerk zu den größten Touristenattraktionen Chinas (rechte Seite).

Dem ersten chinesischen Kaiser zum Ruhme

Die große chinesische Mauer ist eines der längsten Bauwerke der Welt mit etwa 6000 Kilometern Länge, befindet sich in China und ist mehr als 2000 Jahre alt. Als Bollwerk gegen einfallende Nomadenhorden und auch als Zeichen der Macht Chinas ließ sie der mächtige Kaiser Qin Shi Huangdi bereits 220 v.u.Z. errichten. Bis zu einer Million Menschen sollen hier zeitweise gearbeitet und die Hälfte dabei ihren Tod gefunden haben.

Schutzwall und Strasse

Ende des 3. Jahrhunderts v. u. Z. standen bereits einige Teilmauern, die konkurrierende Königreiche errichten ließen. Der erste Kaiser Chinas, Qin Shi Huangdi, rekrutierte Bauern, Kriegsgefangene und Häftlinge zur Zwangsarbeit, um die Teile zu einer großen Mauer zu verbinden. Etwa 300 000 Menschen begannen unter der Leitung des Generals Meng Tian die Mauer über zehn Jahre zu errichten – und Tausende verloren dabei ihr Leben. Das gewaltige Bauwerk schlängelt sich über 2500 Kilometer Luftlinie durch gebirgiges Gelände in der Provinz Liaoyang im Osten bis Zentralasien im Westen. Auf steinernem Fundament wurden dafür Ziegel und Erde mit gestampftem Lehm verbaut. Nach Norden hin sollte eine zwei Meter hohe Mauer Angreifer abwehren. Die Mauer nach Süden ins Landesinnere war wesentlich kleiner. Durchgehend an die zehn Meter hoch und 5,50 Meter breit konnte sie nicht nur als Schutzwall, sondern auch als Straße genutzt werden. Immerhin zehn Infanteristen hatten Platz, nebeneinander auf dem gepflasterten Wall zu marschieren. In regelmäßigen Abständen ragen etwa 25 000 Beobachtungstürme von 25 Metern Höhe auf, die der schnelleren Nachrichtenübermittlung dienten. Bei Tage mit Rauch- und des Nachts mit Feuerzeichen konnten Nachrichten in bis dahin nicht gekannter Geschwindigkeit weitergeleitet werden. Doch nicht nur der Bau gründete auf den technischen Leistungen der Baumeister, auch die Beschaffung der Baumaterialien,

Alter: ab 220 v. u. Z. erbaut
Zweck: Bollwerk gegen Mongolenangriffe aus dem Norden
Grösse: 2500 Kilometer Luftlinie lang, zehn bis 25 Meter hoch, 5,50 Meter breit

„Ich denke, wenn alle Verteidigungswälle in der gesamten Welt zusammengerechnet werden würden, wäre das Ergebnis wahrscheinlich bedeutend geringer als das der Großen Mauer von China.“

Lord Macartney, Reisender, 1793

Der Bau gestaltete sich als äußerst schwierig. Auf das Fundament aus gestampfter Erde und Lehm wurden Ziegelsteine gemauert, eine Straße und Begrenzungen angelegt. Die Seite, die ins Landesinnere zeigte, war niedriger als die Seite, die vor Mongolenangriffen schützen sollte. In regelmäßigen Abständen ragten Wachtürme von 25 Metern Höhe aus der Mauer hervor, die der Nachrichtenübermittlung dienten. Bei Tag wurden von hier Rauchzeichen, bei Nacht Feuersignale von Turm zu Turm gesetzt.

dieVersorgung der Arbeiter und Soldaten erforderte enorme organisatorische Fähigkeiten. Unterkünfte für die Soldaten, die die Grenze bewachen sollten, mussten ebenfalls an strategisch wichtigen Plätzen errichtet werden.

Wenige Jahrhunderte später war die Mauer bereits derart verfallen, dass bei ihrer Rekonstruktion im Jahre 607 u. Z. etwa eine Million Menschen erneut daran arbeiten mussten. Auch hier fand die Hälfte den Tod und wurde vor Ort eingemauert. Unter der Ming-Dynastie (1368-1644) erhielt die Mauer schließlich ihre heutige Form.

DAS OPFER

Ein Zauberer soll dem ersten Kaiser Chinas während des Baus der Mauer geraten haben, einen Mann namens Wan zu finden und zu opfern, sonst würden 10 000 Menschen den Tod dort finden. Qin Shi Huangdi ließ daraufhin einen Mann mit diesem Namen suchen. Als er ihn aufspürte, ließ er ihn hinrichten und seinen Körper als Opfer in das Bauwerk einmauern. Doch dieses Opfer wäre nicht nötig gewesen, denn während der Bauarbeiten mussten hunderttausende Menschen ihr Leben lassen und wurden meist gleich vor Ort unter der Mauer beerdigt.

DIE TERRAKOTTAKRIEGER

Als einige Bauern der Gegend um Xi'an im Jahre 1974 beim Graben eines Brunnenschachtes auf eine tönerne Figur stießen, ahnten sie noch nicht, welchen Fund sie in den Händen hielten. Eine Armee aus tausenden Terrakottakriegern hatte einst der Kaiser Qin Shi Huangdi 210 v. u. Z. mit ins Grab genommen. Sie sollten die zukünftigen Schlachten für den Despoten und Begründer des chinesischen Großreiches erkämpfen.

ALTER: 210 v. u. Z.
ZWECK: Tonkrieger für das Grab des Kaisers Qin Shi Huangdi
GRÖSSE: bisher 8000 Tonfiguren freigelegt

Die Terrakottafarbenen Tonsoldaten stehen in zweihundert Meter langen Korridoren bereit zum Abmarsch. Im Jenseits sollten sie für den Kaiser kämpfen. Einst leuchteten die Krieger in bunten Farben. Die Bemalung überdauerte die Jahrtausende nicht. Heute sind sie durch Gesichtsausdruck, Kleidung und Frisur zu unterscheiden.

Anhand der Kleider, Waffen, Frisuren und Gesichtszüge lassen sich die tönernen Soldaten unterscheiden. Die Figuren sind zwischen 1,80 und 1,96 Meter groß. Die Körper wurden wahrscheinlich serienmäßig hergestellt, die Gesichter entstanden in Feinarbeit.

Eine Armee zur Grabwache

Bereits viele Jahre vor seinem Tod ließ der Kaiser Qin Shi Huangdi etwa 700000 Arbeiter zwangsrekrutieren, die dem todesfürchtigen Monarchen ein Mausoleum graben sollten. Als er starb, nahm ein kupferner Sarkophag den Leichnam auf. Seine noch lebenden Konkubinen mussten ihn ins Grab begleiten, das der Tyrann bereits zu Lebzeiten mit herrlichen Schätzen angefüllt hatte. Auch die Konstrukteure und Diener wurden auf Geheiß des Sohnes und Nachfolgers lebendig eingemauert, damit der Bau in Zukunft geheim blieb. Über die Grabkammer wurde ein 43 Meter hoher Hügel aufgeschüttet, der bis heute die Totenstätte bedeckt.

Östlich davon fanden die Bauern die lebensgroßen Tonfiguren, von denen bisher etwa 8000 in archäologischen Grabungen freigelegt werden konnten. Sie tragen typische und sorgfältig ausgearbeitete Kleidung, mit der sie ihren Divisionen leicht zuzuordnen sind: Infanteristen mit geknotetem Haar, Speerwerfer, Bogenschützen und Kavalleristen mit Helm. Die beigegebenen Waffen sind echt, das Zaumzeug der Pferde ist aus Bronze. Zu mehreren Reihen stehen sie in 200 Meter langen Gängen, jeder Krieger mit einem anderen Gesichtsausdruck, unterschiedlichen Schnurrbärten und Frisuren. Von der vermutlich bunten Bemalung blieb nichts übrig. Menschen, Pferde und Streitwagen sind heute terrakottafarben wie das Material, aus dem sie vor mehr als 2000 Jahren gebrannt worden sind.

Bücherverbrennung

Der erste chinesische Kaiser Qin Shi Huangdi ist nicht nur durch die Schaffung des Großreichs bekannt geworden, sondern auch durch seine despotische Herrschaft und die berüchtigten Bücherverbrennungen. Um das Volk unwissend zu halten, ließ er im Jahre 213 v. u. Z. alle Bücher verbrennen, die nicht in der kaiserlichen Bibliothek standen. Nur die Bücher, die Ackerbau, Wahrsagerei und Medizin behandelten, blieben verschont. Es heißt, dass sich 460 Gelehrte dagegen gewehrt haben sollen und deshalb lebendigen Leibes verbrannt wurden. Nachdem der Kaiser drei Jahre später gestorben war, verfiel das Land. Als die kaiserliche Bibliothek niederbrannte, gingen mit ihr sämtliche Schriften Konfuzius' verloren und die Wissenschaft erlitt einen herben Rückschlag.

Der Begründer des chinesischen Reiches

Bis Mitte des 3. Jahrhunderts bestand China aus einzelnen Teilstaaten, die sich bekämpften und gegenseitig verspotteten. Als eine besonders barbarische Dynastie ohne Kultur galt die Qin, die immer stärker wurde und schließlich alle Staaten unterordnete. Aus die-

ser Dynastie leitet sich der Name China ab. 223 v.u.Z. eroberte Fürst Qin Shi Huangdi den letzten autonomen Staat und ließ sich als erster Kaiser eines vereinigten Chinas einsetzen. Er galt als despotisch und unbarmherzig. Unter seiner Regierung, die er im Alter von 38 Jahren antrat, entwickelte sich China zu einem straff zentralistischen Staat. Ab dieser Zeit sollte China immer als einheitlicher Staat bis ins 20. Jahrhundert hinein auftreten. Qin Shi Huangdi standardisierte die Gewichte, Münzen und Maße, erließ eine einheitliche Schrift und führte eine Bürokratie ein, die unter den nächsten Dynastien weiterentwickelt wurde und das chinesische Leben charakterisiert. Bereits Jahre vor seinem Tod begann der Kaiser mit dem Bau seines Grabes, um seine Todesangst zu überwinden.
Als der Kaiser 210 v.u.Z. dann mit 50 Jahren überraschend starb, wurde er in einem prunkvollen Grab mit einer Armee von Tonkriegern beigesetzt, die im Jenseits für ihn kämpfen sollten. Wenige Jahre nach seinem Tod übernahm die Han-Dynastie die Macht.

31 Kilometer östlich der chinesischen Stadt Xi'an erstreckt sich das Hügelgrab des Kaisers. 8000 Generäle, Bogenschützen, Kavalleristen und Kämpfer stehen in langen Korridoren bereit zum Kampf. Im Grab selbst liegen die Konkubinen und Bediensteten, die lebendig eingemauert wurden.

STADT DER FELSENGRÄBER: PETRA

Bis vor wenigen Jahren galt die jordanische Felsenstadt Petra als die einstige Hauptstadt der Nabatäer. Doch bei den zahlreichen Bauten, die das nomadisierende Volk in den Felsen schlug, handelte es sich um Gräber. Sollten jemals Hütten oder Häuser hier gestanden haben, so sind sie restlos verschwunden. Allein einige Säulen, eine Straße, das Amphitheater und die sorgfältig gearbeiteten Felseneingänge zeugen heute vom Reichtum der Nabatäer und vom Glanz ihrer sagenumwobenen Hauptstadt.

ALTER: ab 200 v. u. Z. bis 300 u. Z. erbaut
ZWECK: anfangs Grab- und Tempelstätte, zwischenzeitlich auch Wohnstadt
GRÖSSE: 850 Meter hoch gelegen, zahlreiche mehrgeschossige Grabanlagen, Monumentalstraße, Theater, Forum, Triumphbogen

EIN VERGESSENES VOLK WIRD ENTDECKT

Etwa 400 v. u. Z. siedelte sich das Volk der Nabatäer, die nomadisierend lebten, in der Gegend der Täler zwischen Akaba und dem Toten Meer an. Sie kontrollierten alsbald die Handelsstraßen und erlangten dadurch einigen Reichtum. Charakteristische Verzierungen an den Fassaden, eine Mischung aus arabischen und hellenistischen Elementen, erzählen von dieser Zeit. Nachdem Petra im Jahre 106 an die Römer fiel, wurde das Königreich der Nabatäer zur römischen Provinz Arabien ausgerufen. Petra bekam Bäder, ein Theater und ein Forum. Als später Palmyra zum Handelspunkt aufstieg, war die Blütezeit Petras beendet. Die Stadt geriet in Vergessenheit und diente wenigen Gläubigen als Kultstätte. Erst im Jahre 1812 konnte der Schweizer Forscher Johann Ludwig Burckhardt mit einem Trick die Einheimischen überreden, ihm die Grabstadt zu zeigen. Er verkleidete sich als Moslem und bat mit fließendem Arabisch um den Weg zu den Gräbern seiner Vorfahren.

Das so genannte Schatzhaus (linke Seite) oder el-Kazneh mit seiner 40 Meter hohen, zweistöckigen Fassade soll den sagenhaften Schatz des Pharaos geborgen haben. Eher handelt es sich hier um die Grabstätte des letzten Nabatäer-Königs. In der Mitte des Obergeschosses steht die Göttin Isis, ihr zur Seite sind Amazonen, Löwen und Göttinen in das Gestein gehauen.
Erst 1812 entdeckte der Schweizer Burckhardt die vergessene Felsenstadt mit ihren skulpturierten Fassaden, einem Forum und einem Amphitheater, wie dieser zeitgenössische Stich aus dem 19. Jahrhundert (links) zeigt.

„Eine rosarote Stadt – halb so alt wie die Zeit."
Burgon, Poet

Das berühmteste Bauwerk Petras ist das Schatzhaus, dem sich die Besucherinnen und Besucher nach dem Betreten der Felsenstadt gegenübersehen und das nach seiner Entdeckung diese zeitgenössische Darstellung (rechts) abbildet.

45.—Khasné Pharaon, or “Pharaoh's Treasury,” Petra

Stadt oder Grabstätte

Ob es sich bei der Siedlung Petra, was griechisch „Fels“ bedeutet, tatsächlich um die Hauptstadt des arabischstämmigen Volkes der Nabatäer handelt, ist bis heute nicht restlos geklärt. Zwischen 400 und 200 v. u. Z. machte sich das Volk in dieser Gegend sesshaft und wählte mit Petra einen Platz, der nur über eine enge Schlucht, einen Sik, zu betreten war. Die Stadt lag logistisch hervorragend am Knotenpunkt dreier Handelsstraßen, die von den Nabatäern kontrolliert wurden und ihnen Geld brachten. Auf ihrem Weg von Jemen nach Ägypten oder zum Mittelmeer mussten sämtliche Kamelkarawanen die nabatäischen Täler durchqueren, so dass die Bewohner die Höhe des Wegzolls nach eigenem Ermessen festlegen konnten.

Zwischen den Jahren 30 v. u. Z. und 106 u. Z. entstanden die Königs-Gräber, die in den weichen Sandstein geschlagen wurden. Grobe Arbeiten führten Sklaven aus. Die Gestaltung der Fassaden (links) nahmen die Steinmetze von oben nach unten vor. Nach der römischen Übernahme im Jahre 106 entstand das Amphitheater (unten).

In den Verzierungen (rechts) findet sich die multikulturelle Geschichte Petras wieder: Säulen mit korinthischen Kapitellen, nabatäische Göttinnen und ägyptische Fabelwesen stehen neben Helden und Götzen der griechischen Mythologie.

Die einzelnen Grabanlagen und Tempel wurden in den Fels geschnitten (unten). Die großen Plätze davor sollten tausende Gläubige aufnehmen.

Rosarote Gräber der Könige

Die Nabatäer begruben ihre Toten traditionell im Sandsteinfels. Die Gräber einfacher Menschen wurden rechteckig in den Felsen gehauen, die Fassaden der Königsgräber dagegen reich verziert. Hinter den Eingängen lagen einfache Räume, eine äußere und eine innere Kammer. Die Bauwerke blieben von Erdbeben und Vandalismus soweit verschont, nur einige Reliefs und Verzierungen unterlagen der Erosion. Die Feinarbeiten führten wahrscheinlich lokale Steinmetze aus, die ihre Zeichen hinterließen. An ihnen lässt sich ausrechnen, dass einem Steinkünstler damals etwa 25 Arbeitsjahre zur Verfügung standen.
Die Archäologen vermuten, dass die Fassaden mit feinem, weißem Stein verkleidet und farbenfroh angemalt waren. Die Jahrhunderte schliffen die Farben ab, zurück blieb eine zartrosafarbene Felsenstadt.
Als der erste westliche Besucher, der Archäologe Burckhardt, den schmalen Felsdurchgang passiert hatte, offenbarte sich ihm – wie heute jedem Touristen – der überwältigende Anblick des „Schatzhauses“, des el-Khazne. Hier hatten schon Generationen vorher den sagenhaften Schatz des Pharaos gesucht. Die 40 Meter hohe und 25 Meter breite Fassade bildet die Vorderfront für das Mausoleum des wahrscheinlich letzten Königs der Nabatäer. Verschiedene Kulturen, die in ihren Verzierungen Spuren hinterließen, bilden ein kosmopolitisches Äußeres: Säulen mit korinthischen Kapitellen, Göttinnen der Nabatäer und die ägyptische Isis sind ebenso zu finden wie Amazonen und Vertreter der griechischen Mythologie.

Tempel der Göttinnen und Götter

Die Nabatäer beteten ihren Hauptgott Dhushara und dessen Mutter el-'Uzza an. Ihnen weihten sie in Petra Tempel wie den 23 Meter hohen Qasr el-Bint Fira'un, der Feuerkulten und Opferungen diente. Auch der Opferplatz Attuf beherbergt einen Kultort, den zwei Obelisken markieren. Am Altar finden sich Ablaufrinnen, die das Blut der geopferten Tiere – oder vielleicht auch Menschen – ableiten sollten.

Auch heute führt der Zugang zur Felsenstadt über den schmalen Sik. Nach seiner Durchquerung trifft der Blick auf das sonnenüberflutete Schatzhaus.

ALTER: zwischen 300 v. u. Z. und 800 u. Z. erbaut
ZWECK: große mittelamerikanische Stadt einer unbekannten Zivilisation
GRÖSSE: bis 200 000 Einwohner

METROPOLE EINER UNBEKANNTEN KULTUR – TEOTIHUACÁN

900 Jahre lang nahm Teotihuacán einen bedeutenden Platz in der Geschichte Mittelamerikas ein. Im Jahre 500 war diese Stadt die größte Metropole im mittelamerikanischen Raum mit gewaltigen Tempelbezirken und der höchsten Pyramide dieser Zeit, der Sonnenpyramide. Doch wer waren diese Menschen? In Kultur, Religion und Architektur teilte sich das Volk dieser Stadt die Bauweise und Götter nicht nur mit den Indianervölkern, sondern es beeinflusste auch die nachfolgenden Maya auf diesen Gebieten. So ungewöhnlich geheimnisvoll die Entstehung Teotihuacáns ist, genauso mysteriös scheint auch ihr Untergang. Nach langer Blütezeit nahm die Stadt um 800 ein gewaltsames Ende, wurde geplündert und niedergebrannt – vielleicht von den Tolteken, einem der aufstrebenden Völker, die gerade die Macht erlangten.

„Die Menschen errichteten Pyramiden für die Sonne und für den Mond. Und sie bauten die Pyramiden ... sehr groß, als wären es Berge."
Der Florentine Kodex, 1569

UNBEKANNTE KULTUR

Im Hochtal des heutigen Mexiko, in dem später die Stadt Teotihuacán stehen sollte, siedelten um das Jahr 200 v. u. Z. bereits 2000 Menschen. Etwa 300 Jahre später lebten hier um die 60 000 Menschen in einer streng symetrisch angelegten Stadt, die den aztekischen Namen Teotihuacán, „Stadt der Götter", trug. Über 2000 Gebäudekomplexe entstanden bis zum Jahr 600, so dass schließlich knapp 200000 Einwohner hier wohnten. Teotihuacán zählte damals zu den zwölf größten Städten der Welt. Um die Stadt erstreckten sich Felder, auf denen die Bauern Mais, Kürbisse, Kartoffeln und Bohnen anbauten. Als Nutztiere wurden Lamas und Alpakas gezüchtet, die Wolle, Felle, Fleisch und Fett lieferten und deren Mist als Brennstoff und Dünger diente. Da keine der präkolumbianischen Kulturen das Rad kannte, trugen grundsätzlich Tiere alle Lasten auf ihren Rücken. Auch der Flaschenzug war unbekannt, so dass sämtliche Bauwerke wie Pyramiden, Gebäude und Straßen ausschließlich mit Muskelkraft erbaut werden mussten.

Die Innenstadt Teotihuacáns prägten die Tempelanlagen (linke Seite). Links hinten ist die etwa 63 Meter hohe Sonnenpyramide zu sehen. Die präkolumbianische Kultur dieser Stadt verehrte die große Muttergöttin und den Jaguar, aber auch Fabelwesen und andere Tiere, die sich in Verzierungen und Reliefs (oben und links) wiederfinden.

Skulpturierte Wände (oben und rechte Seite unten) zeigen Ornamentik aus göttlichen Symbolen, vielfach den Regengott, den gefiederten Jaguar und die gefiederte Schlange. Die überirdische Herrscherin, auch große Göttin genannt, ist nur in Teotihuacán zu finden. In allen Nachfolgestaaten wurde die weibliche Gottheit ausgerottet und von rein männlichen ersetzt.
Die Sonnenpyramide (rechts) zog vermutlich viele Pilger an, noch bevor die Stadt zur mesoamerikanischen Metropole aufstieg.

Am Ende der Zeremonienstraße, die in Teotihuacán Straße des Todes hieß, steht die Mondpyramide (oben). Immer wieder taucht der Gott Quetzalcoatl in Form der gefiederten Schlange (links) auf. Der Tempel des Gottes setzt sich aus sechs Podesten zusammen, die Reliefplatten schmücken.

Die Sonnenpyramide ist der größte Tempel der Stadt. Pyramiden wird eine mystische Kraft nachgesagt. Stoffe, die im Zentrum des Bauwerks liegen, sollen konserviert oder mit Energie aufgeladen werden. Einst besaß die Sonnenpyramide ein flaches Dach mit Tempel, das dem Himmelsstern geweiht war. Einer Legende nach wurden Sonne und Mond in Teotihuacán geboren.

Religion und Pyramiden

Alle präkolumbianischen Kulturen errichteten in ähnlicher Bauweise riesige Pyramiden, verehrten den Sonnengott, den Regengott und den gefiederten Schlangengott, der zwar verschiedene Namen besaß, aber den gleichen Ursprung hatte. Auch die große Muttergöttin nahm bis zur Zerstörung Teotihuacáns im Jahre 800 als Lebensspenderin und oberste Herrscherin den ersten Platz ein. Nach ihrer kulturellen Vernichtung wurde sie jedoch aus sämtlichen Religionen gestrichen. Fortan standen ausschließlich männliche Götter an der Spitze. Ein anderes Wesen, das die mittelamerikanischen Völker verehrten, war der Jaguar, der sich in vielen heiligen Anlagen, Skulpturen und Bauten wiederfindet.

Die Kraft der Pyramiden

Den Pyramiden werden seit alters her magisch-mystische Kräfte zugeschrieben. So sollen sich in ihrem Inneren Kräfte regenerieren und das Bewusstsein öffnen. Ebenfalls vor mehr als viertausend Jahren kamen die Ägypter den geheimnisvollen Energien dieser Baukörper auf die Spur. In ihren pyramidenförmigen Grabstätten sollten die Körper der gottgleichen Pharaonen für ein Leben im Jenseits erhalten bleiben.

Stadtplan mit Rastersystem

Bereits 1500 v. u. Z. war Teotihuacán ein wichtiger Wallfahrtsort des Sonnenkults. Im 1. Jahrhundert wurde dort die 77 Meter hohe Sonnenpyramide erbaut, der höchste Bau Mittelamerikas zu dieser Zeit. Um das Heiligtum gruppierte sich die Stadt mit Tempeln, Straßen und Palästen. Teotihuacán wurde nach einem strengen Raster aus parallel verlaufenden Straßen angelegt. Die „Straße der Toten", die knapp 2,5 Kilometer lang und 40 Meter breit war, säumten über 100 Heiligtümer und Tempel. Am nördlichen Ende der Straße stand der Mondtempel, am südlichen die Sonnenpyramide. Um das netzartige Raster der Straßen zu gewährleisten, verlegten die Baumeister einen Fluss und überführten ihn in einen Kanal. In der Innenstadt lagen der Versammlungsplatz und der Heilige Bezirk, an den die Paläste und Wohnhäuser der reichen Oberschicht grenzten. Handwerker bewohnten einstöckige Häuser, Bauern und einfache Arbeiter lebten am Stadtrand in einfachen Hütten aus Luftziegeln.

Auch in Pyramidenform: Das Zikkurat von Ur

Die erste Hochkultur der Menschen, die etwa 3500 v.u.Z. in der Gegend von Euphrat und Tigris entstand, hinterließ eine gewaltige Tempelplattform im ehemaligen Stadtstaat Ur: Das Zikkurat. Hier lebten die Sumerer, verehrten auf der Spitze des Zikkurats den Mondgott Nana und erfanden das Rad und die Schrift. Ur gilt auch als der biblische Geburtsort Abrahams. Bereits die Sumerer erbauten ihr großes Heiligtum in einer Form, die an eine Pyramide erinnert.

Die typische nach oben verjüngende Form zeigt auch die „Pyramide des Zauberers" in Uxmal im heutigen Mexiko, die in der klassischen Periode der Maya zwischen 600 und 950 u.Z. errichtet wurde. Hier ist der Tempel, der auf der Spitze vieler Pyramiden stand, noch gut erhalten.

Jemenitische Fata Morgana: Sana

„Architektur ist erstarrte Musik.“
Friedrich von Schelling (1775-1854), dt. Philosoph

Hohe Mauern umgeben die Stadt Sana, die sich wie eine Fata Morgana aus der Wüste erhebt. Vor mehr als 2500 Jahren war sie Teil des berühmten Königreichs Saba, dessen Königin sich im Alten Testament mit Salomon traf. Die schmalen, mehrgeschossigen Wohnhäuser aus luftgetrockneten Ziegeln und weißen Verzierungen verleihen der jemenitischen Stadt jenen Charme, der sie einstmals zur „Perle Arabiens" aufsteigen ließ.

ALTER: etwa 500 v. u. Z. erbaut
ZWECK: Siedlung in der Wüste, Feste und Verteidigungswall
GRÖSSE: etwa 1 Mio. Einwohner

Die Altstadt von Sana mit ihren Wohntürmen und der typischen weißen Bemalung erzählt von der Kultur und Geschichte der arabischen Halbinsel. Seit mehr als 2500 Jahren siedeln hier Menschen.

Die Geschosse der Wohntürme setzen sich zueinander mit weißer Bemalung ab.
Ebenso typische Zeichnungen und Reliefs umrahmen die verschiedenförmigen und farbigen Fenster.

Wohntürme und Glasfenster

Als die Herrscher des berühmten Königreichs von Saba vor mehr als 2500 Jahren nach einem Platz für eine Wehranlage suchten, trafen sie auf das fruchtbare Land am südöstlichen Rand der arabischen Halbinsel. In 2350 Metern Höhe entstanden nicht nur eine Feste, sondern bald auch Siedlungen mit Teppichknüpfern, Silber- und Kupferschmieden, Händlern und Bauern. Sie errichteten aus luftgetrockneten Ziegeln die bis heute typischen mehrgeschossigen Wohntürme, deren weiße Fensterumrahmungen, Schmuckornamente und Reliefs weithin leuchten. 20 bis 30 Meter hoch ragen diese ersten Wolkenkratzer mit ihren etwa sechs Geschossen in den Himmel. Von unten nach oben erstrecken sich die Stallungen und Arbeitsräume, die Behausungen für Frauen und Kinder sowie die Wohnräume der Männer. Weiße Bemalungen und umlaufende Reliefs grenzen die einzelnen Stockwerke voneinander ab. Die Fenster haben verschiedene Formen und sind mit bunten Scheiben geschmückt, die Sana am Abend in ein orientalisches Funkeln wie im Märchen tauchen.

Um die Stadt vor Eindringlingen zu schützen, errichteten bereits die ersten Machthaber eine zwölf Kilometer lange Mauer mit zehn Metern Höhe und bis zu fünf Metern Dicke, die der Stadt ihren Namen gab, denn Sana bedeutet die „Befestigte".

Wechsel der Religionen

Auch die verschiedenen religiösen Kulte hinterließen in der arabischen Stadt ihre Spuren. Während der Zeit des Königreichs von Saba entstand ein erster Tempel, auf dessen Grundmauern eine Synagoge errichtet wurde. Als sich Christen in Sana niederließen, bauten sie an der gleichen Stelle eine Kirche, die wiederum der großen Moschee weichen musste, die Moslems im 7. Jahrhundert errichteten. Die Moschee al-Kebir gehört heute zu den zahlreichen muslimischen Gebetshäusern, die das Stadtbild Sanas prägen.

Das moderne Sana

Seit dem Zusammenschluss der beiden jemenitischen Staaten im Jahre 1990 entwickelt sich deren Hauptstadt Sana zu einer modernen Metropole. Fast eine Million Menschen leben heute in der „Perle Arabiens", in deren alten Gemäuern und neuen Stadtvierteln.

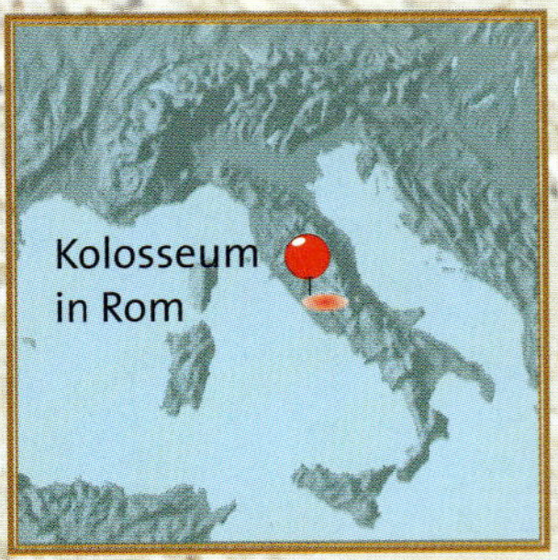

KAMPFPLATZ DER GLADIATOREN: DAS KOLOSSEUM IN ROM

Um tausenden Zuschauern Kampfspiele zeigen zu können, begann der römische Kaiser Vespasian 69 v. u. Z. das Kolosseum in Rom zu errichten. Doch erst Titus konnte es 80 u. Z. vollenden. Mit hunderttägigen Spielen ließ er es einweihen. Seinen blutigen Ruhm erlangte das Amphitheater durch die grausamen Kämpfe, in denen Gladiatoren um Leben und Tod miteinander ringen mussten. Zur Belustigung des Volkes wurden Löwen, Bären und Tiger auf wehrlose Menschen gehetzt. Ganze Gruppen ethischer oder religiöser Minderheiten sollten auf diesem Wege oder mit der damals beliebten Hinrichtungsart der Kreuzigung, die flächendeckend in der riesigen Arena stattfand, ausgerottet werden.

ALTER: im Jahre 80 vollendet
ZWECK: Amphitheater für Kampfspiele
GRÖSSE: 188 Meter lang, 156 Meter breit, 48 Meter hoch, 50 000 Sitzplätze, 5000 Stehplätze

EIN PRACHTBAU FÜR DAS VOLK

Den Namen erhielt das Kolosseum nach dem Koloss des Nero, einer Statue, die bis heute erhalten blieb. Mit 188 Metern Länge und 156 Metern Breite ist es das größte Amphitheater der Antike. Der viergeschossige, elliptische Bau bot auf fünf Rängen und insgesamt 48 Meter hohen Terrassen ungefähr 50 000 Sitzplätze und zusätzlich 4000 bis 5000 Stehplätze. Von allen Punkten des Kolosseums hatten die Besucher eine hervorragende Sicht und konnten die Einzelheiten des Kampfes zwischen Gladiatoren oder Tieren in der Arena verfolgen. Die unteren Ränge im Zuschauerraum waren für die hoch gestellten Persönlichkeiten vorgesehen, die oberen für das gemeine Volk.
Die ovale Bauform entwickelten die Baumeister aus den griechischen Theatern. Sie setzten zwei Halbrunde zusammen und übernahmen das ausgeklügelte System der Aufgänge, die sie auf die Rückseite legten. Innerhalb weniger Minuten konnten somit tausende Menschen das Amphitheater füllen und wieder verlassen. Um nicht der gleißen-

Das Kolosseum (linke Seite) war Austragungsort gigantischer Kampfspiele und bot mehr als 50 000 Zuschauern Platz. Wie es während seiner Glanzzeiten ausgesehen haben mag, zeigt die nebenstehende Rekonstruktion. Der oscarprämierte Film „Gladiator" aus dem Jahre 2000 erweckte das Kolosseum selbst und die Stadt Rom durch hervorragende Computeranimationen zum Leben.
Im Mittelalter verfiel das Bauwerk zusehends und wurde von Pflanzen überwuchert, der Holzboden stürzte ein. Heute (oben) gehört es zu den Touristenattraktionen Roms und ist nur noch zu Fuß zu erreichen.

„Alle Ehre zu Cäsars Amphitheater.
Der Ruhm soll künden allein von einem Werk an Stelle der vielen."
Martial, Poet, Eröffnungsrede des Kolosseums, 1. Jahrhundert

Das Kolosseum verfiel, der Holzboden stürzte ein und es zeigten sich die Gewölbe, in denen dieTiere in Käfigen lagen. Auch die Gladiatoren hielten sich hier und an den Seiten auf. Die Besucherränge konnten durch ein System von Gängen und Treppen erreicht werden, das im Notfall tausenden Menschen schnell den Ausweg wies.

den Sonne ausgesetzt zu sein, schützten Stoffsegel, die mittels Flaschenzügen gespannt wurden, die Zuschauer. Unterhalb der Arena warteten die Gladiatoren in den Gängen auf ihren Kampf. In anderen Gewölben hielten sich die wilden Tiere auf, die tagelang nichts zu fressen bekamen, um sich in der Arena hungrig auf ihre Opfer zu stürzen. Bis ins Jahr 405 fanden die Gladiatorenkämpfe statt und Tierhetzen wurden noch bis etwa zur Mitte des 6. Jahrhunderts abgehalten.

Spiele um Leben und Tod

Nach dem lateinischen Wort „gladius" für „Schwert" erhielten die Berufsfechter im antiken Rom ihren Namen. Ab dem 3. Jahrhundert v. u. Z. kämpften die Gladiatoren in öffentlichen Schaukämpfen um Leben und Tod. Größtenteils wurden die Kämpfer aus den Reihen der Verurteilten und Schwerverbrecher oder der in die Sklaverei verschleppten Kriegsgefangenen rekrutiert. In speziellen Schulen erlernten sie die Tötungstechniken mit verschiedenen Waffen. Am Ende der Kämpfe ging der überlebende Gladiator als Held hervor. Die Zuschauer selbst konnten durch Zurufe schwer verwundete Kämpfer vor dem Tode retten – oder dazu verurteilen. Erst Kaiser Honorius verbot die grausamen Gladiatorenspiele im 5. Jahrhundert.

Die Geschichte Roms

Nach dem Sturz der Etrusker im Jahre 509 v. u. Z. löste eine republikanische Regierungsform die Monarchie in Rom ab. Die Leitung des Staats übernahm der Adel, die Patrizier, die auch den Senat bildeten. Zwei vom Adel gewählte Konsuln standen an der Spitze. Neben den Patriziern, die in außergewöhnlichem Prunk mit vielen Sklaven lebten, fristete die gesellschaftliche Klasse der Plebejer ein eher ärmliches Dasein in primitiven Behausungen. Später erhielten sie mehr Rechte und arbeiteten im Staatsapparat. Im ersten Jahrhundert v. u. Z. setzte eine rege Bautätigkeit ein. Das Forum Romanum, ein Versammlungsplatz im Herzen Roms mit Triumphbögen und Tempeln, entstand neben Aquädukten und dem Kolosseum. Anfang des Jahres 44 v. u. Z. setzte der Feldherr Julius Cäsar der römischen Republik ein Ende und nahm die Diktatur auf Lebenszeit an. Als er die Monarchie anstrebte, ermordeten ihn im selben Jahr seine Gegner. Cäsars Adoptivsohn erlangte schließlich als Kaiser Augustus die höchste und alleinige Staatsgewalt. Erst im Jahre 476 u. Z. brach das römische Weltreich zusammen, das sich in seinen Glanzzeiten bis zu den Britischen Inseln im Nordwesten, nach Libyen im Süden und Persien im Osten erstreckt hatte.

Römische Soldaten trugen schwere Ausrüstungen aus Schild, Panzer, Helm und Speer (rechts). Offiziere (unten) waren an ihren Uniformen zu erkennen: befederter Helm, Umhang, Schwert und Brustpanzer.

Dieses Modell (unten) stellt die Hauptstadt in ihrer Blütezeit dar. Für Wagenrennen entstand der Circus Maximus, eine Großarena mit 600 Metern Länge. Eine Viertelmillion Zuschauer fanden hier Platz. Berühmte Monumentalfilme, wie das Wagenlenker-Epos „Ben Hur", fingen die Stimmung von damals ein. Rechts im Bild ist der Rundbau des Kolosseums zu erkennen.

In die Felsenwände in Ajanta in Westindien schlugen buddhistische Mönche 30 Höhlen, um sich einen Ort für ein meditatives Leben zu schaffen.

Wer immer sich ein Bild von Buddha macht, erreicht die vollkommene Seligkeit, Ahnung und Fähigkeit und sein Glanz leuchtet durch alle Organe und ist eine Wonne für die Augen.

Inschrift in Höhle 25, 5. Jahrhundert

GLAUBE ALS INSPIRATION: DIE FELSENKLÖSTER VON AJANTA

Als sich der Buddhismus in Indien ausbreitete, schlugen die Anhänger der neuen Lehre 320 Kilometer nordöstlich von Bombay 30 Höhlen in die senkrechten Felswände. Vom 2. Jahrhundert v. u. Z. bis in das 7. Jahrhundert u. Z. diente die Höhlenanlage in Ajanta als Meditationsort und Kloster. Die Gläubigen schmückten sie mit buddhistischen Wandmalereien und Skulpturen aus. In Höhle 26 ruht der sieben Meter lange Buddha und erinnert an den Tod des Erleuchteten und sein Eingehen ins Nirwana, an die völlige Ruhe als Endziel des Lebens.

HEILIGE HALLEN UND KLÖSTER

Die Steinhöhlen von Ajanta gelten als die besterhaltensten Beispiele buddhistischer Steinarchitektur. Mit der Darstellung der Traditionen und Kunstformen bieten sie die Möglichkeit, die frühesten Entwicklungen dieser Weltreligion zu verfolgen. Da die meisten anderen Zeugnisse aus dieser Zeit aus Holz bestanden, gingen sie über die Jahrhunderte verloren.

Die etwa 30 Meter hohen Höhlen wurden während zweier Perioden in die steilen Wände der Felsen geschnitten, in der ersten Phase im 2. und 1. Jahrhundert v. u. Z., in der zweiten Phase zwischen dem 5. und 6. Jahrhundert u. Z. Das Höhlensystem unterteilt sich in die beiden Bereiche: Stupa-Tempel und Klöster. Fünf Tempel öffnen sich über prachtvolle Fassaden nach innen, wo sich eine kuppelförmige Halle mit der Stupa in der Mitte befindet. Die Klöster sind dagegen unterschiedlich groß und erstrecken sich teilweise über zwei Geschosse. Jedes Kloster umfasst eine zentrale Sammlungshalle und

ALTER: ab 200 v. u. Z. erbaut
ZWECK: Kloster und Pilgerstätte
GRÖSSE: 30 Höhlen

Die berühmten Höhlenmalereien (links) gehören zu den ältesten erhaltenen Werken und wurden in speziellen Techniken auf die Innenwände aufgebracht. Sie entstanden vor allem während der Gupta-Dynastie (ab 320 u. Z.). Schmuck und Kopfputz der himmlischen Dienerinnen stehen für den Wohlstand des Volkes.

angrenzende kleine Zellen, denen später Schreine hinzugefügt wurden. Sechs Höhlen blieben unvollendet und lassen die einzelnen Bauschritte heute nachvollziehen. Grundsätzlich wurde der Stein mit denselben architektonischen Verzierungen ausgestattet, als wäre es Holz. Gewaltige Mengen Gestein mussten dafür bewegt werden, so dass Wissenschaftler für den Bau einer Höhle zwischen 15 und 100 Jahre ansetzen. Die rohen Felswände wurden mit einer Paste aus Erde und Pflanzenteilen bestrichen, mit Kalktünche versiegelt und mit verschwenderischen Wandmalereien ausgeschmückt.

VON DER ERLEUCHTUNG ZUR WELTRELIGION

Am Fuße des Himalaya wurde 566 v. u. Z. der Begründer des Buddhismus, Siddhartha Gautama, geboren. Als Sohn der adeligen Kshatriya-Familie wuchs er in Reichtum auf und trat das erste Mal auf einer Spazierfahrt der Armut und dem Elend des einfachen Volkes gegenüber. Geschockt verließ er mit 29 Jahren den sicheren Palast sowie Frau und Sohn, um einen Ausweg aus dem menschlichen Leiden zu finden. Die ersten sechs Jahre verbrachte er als Asket, fand jedoch keine Lösung. Während einer 49-tägigen Meditation unter einem Baum, dem Bodhi oder Bo-Baum, gelangte er zur Erleuchtung und erkannte die Ursachen des Leidens in der Welt. Seine Erkenntnisse formulierte er in vier Wahrheiten: Leben ist Leiden. Ursache des Leidens ist die Begierde. Wer die Begierde überwindet, setzt dem Leiden ein Ende und findet Eingang in das Nirwana, den Zustand der totalen Auslöschung. Um sich aus dem Kreis der Geburt, des Leidens, Todes und der Wiedergeburt zu befreien und den Zustand des Nirwana zu erreichen, muss der achtfache Pfad beschritten werden. Er besteht aus den acht Regeln: rechte Einsicht, rechter Entschluss, rechtes Sprechen, rechtes Handeln, rechtes Streben, rechtes Leben, rechte Besinnung und rechte Versenkung.

Siddhartha Gautama, der fortan Buddha – der Erleuchtete – hieß, zog die kommenden 40 Jahre bis zu seinem Tod durch das Land und verbreitete seine Lehre, gründete Klöster und Gemeinschaften über jede Kaste hinweg. Der Buddhismus breitete sich in den folgenden Jahrhunderten in ganz Asien aus. Ab 320 nahm der Einfluss im Land seiner Entstehung jedoch stetig ab. Der Hinduismus fasste Fuß und verdrängte den Buddhismus aus Vorderindien. Heute wird die Religion, die weder einen persönlichen Weltherrn noch ein unpersönliches Absolutes als Urgrund der Welt sieht, vor allem in Nepal, Vietnam, China, Korea, Japan, im Tibet und Sri Lanka, Myanmar und Thailand praktiziert.

Buddhafiguren (linke Seite), die alle Zeichen der Erleuchtung tragen, und auch Wandmalereien (oben) sind in fast jeder Höhle zu finden. Sie stellen den Eingang in das Nirwana anhand des Erleuchteten immer wieder dem Gläubigen vor Augen.
Die Felsenhöhlen dienten neben dem Wohnort den Mönchen vor allem als Kultstätte. Hier konnten Buddhisten in der Abgeschiedenheit und sicher vor jeweiligen Machthabern ihrem Gebet nachgehen.

Das byzantinische Erbe der Hagia Sophia

Über 900 Jahre lang – vom 6. bis ins 15. Jahrhundert – galt die Hagia Sophia als die bedeutendste Kultstätte der christlichen Kirche von Byzanz. Weitere fünf Jahrhunderte diente das monumentale Bauwerk als Moschee. Seit es 1936 in ein Museum umgewandelt wurde, kommen jedes Jahr tausende Besucherinnen und Besucher, die das bedeutendste Bauwerk der byzantinischen Kultur mit der gewaltigen Kuppel bewundern wollen.

Alter: 537 u. Z. vollendet
Zweck: christliche Kirche, später Moschee
Grösse: Gesamthöhe 55,6 Meter, Hauptkuppel Durchmesser 33 Meter, Hauptachse mit 2 Halbkuppeln, 3 Nebenkuppeln

Das gewaltigste Bauwerk

Bereits 360 Jahre nach dem Tod Jesus von Nazareth entstand in Byzanz die erste Hauptkirche. Sie brannte nieder, wurde neu aufgebaut und im Jahre 532 erneut zerstört. Der gläubige Kaiser Justinian veranlasste sofort einen Neubau. Er hieß die Baumeister Anthemios von Tralles und Isidor von Milet das prachtvollste Sakralbauwerk zu entwerfen, welches sie sich vorstellen konnten. Und den Baumeistern des 6. Jahrhunderts gelang ein Novum. Einzig nach mathematischen Berechnungen und den Ideen und Vorstellungen ihrer Köpfe entsprang ein Entwurf, der die gewaltige Kuppel der damaligen Zeit in das Zentrum stellte. Fast 1500 Jahre ist die Hagia Sophia, die „Kirche der heiligen Weisheit", nun alt und noch immer verschlägt es den Eintretenden den Atem. Bis in 60 Metern Höhe hebt die gewaltige Flachkuppel mit ihrem Durchmesser von 33 Metern das Gotteshaus. Sie liegt auf vier Hauptpfeilern, an die sich Pendentifkuppeln anschließen, die von gekrümmten Ziegelpfeilern getragen werden. Dadurch scheint es, als ob sich die einzelnen Kuppeln und Formen gegenseitig durchdringen. Arkaden und Galerien auf weißen und grünen Mamorsäulen säumen

Die Fenster der Hagia Sophia (oben) tauchen das Innere in helles Licht. Nach ihrem Umbau zur Moschee im Jahre 1453 erhielt das Bauwerk vier Minarette (rechts).

„Gott sei gelobt, der mich für würdig befand, dieses Bauwerk zu errichten."
Kaiser Justinian, im Jahre 537 u. Z.

die Haupthalle. Kleine Nebenkuppeln an der Seite lassen die Kirche als nach außen und innen gewölbten Bau erscheinen. Gerade einmal fünf Jahre, von 532 bis 537, dauerten die Bauarbeiten. Seit dem Tag ihrer Einweihung galt die Hagia Sophia als Mutterkirche des byzantinischen Reiches.

Kirche, Moschee, Museum

Im heutigen Istanbul, das im Altertum Byzanz und von 330 bis 1930 Konstantinopel hieß, gilt die Hagia Sophia immer noch als bedeutendstes Bauwerk der Stadt. Fast 1000 Jahre lang diente es der Christenheit als Mutterkirche, obwohl sich das byzantinische Reich bereits in Teilherrschaften aufgelöst hatte. Ende des 13. Jahrhunderts expandierte das Osmanische Reich und wurde zur stärksten Bedrohung der Stadt. Am 29. Mai 1453 fiel Konstantinopel mit dem Tod des letzten Kaisers Konstantinos XI. an die Türken. Nun führte das Abendland das geistige Erbe weiter, die neue Mutterkirche stand mit dem Petersdom bereits in Rom. Die neuen islamischen Machthaber in Byzanz bauten die christliche Kirche in eine Moschee um, ergänzten vier Minarette und tauften sie Ayasofya Camii. Fünfhundert Jahre lang tat sie ihren Dienst als Versammlungsort der Muslime. Im Jahre 1936 erkannte die türkische Regierung den Bau als Kulturgut an

Als muslimische Moschee wurde die Hagia Sophia mit islamischen Schriftzeichen versehen. Auch im 19. Jahrhundert (zeitgenössische Abbildung, unten) versah sie als Gebetshaus ihren Dienst.

ÄLTESTE MOSAIKE

Bei Restaurierungsarbeiten im 20. Jahrhundert kamen erhaltene Mosaike zum Vorschein. In Gold gehalten, mit farbigem Mamor und Steinen ergänzt, lassen sie die Pracht von einst erkennen. Die Mosaike zeigen den inthronisierten Christus mit der Aufschrift: „Ich bin das Licht der Welt" sowie die Erzengel Michael und Gabriel.

ISLAMISCHER BAU NEBEN CHRISTLICHER KIRCHE

Nach der türkischen Eroberung entfalteten die Sultane eine rege Bautätigkeit. Zahlreiche Moscheen, der Fliesenpalast, Mausoleen, die Palaststadt Topkapi entstanden. Als letzte in der Reihe der Sultansmoscheen entstand über den byzantinischen Kaiserpalästen eine große Moschee, die Blaue Moschee des Sultans Ahmed. Der Bau liegt gegenüber der Hagia Sophia und gilt als herausragender Vertreter osmanisch-islamischer Baukunst. Mehr als 20 000 blaue Fliesen schmücken die Moschee von innen und gaben ihr den Namen. Der damals 16-jährige Sultan Ahmed ließ sie von 1609 bis 1616 erbauen. Sechs statt vier Minarette, drei Tore, 30 kleine Kuppeln, eine Zentralkuppel, 260 Fenster stehen der Hagia Sophia ebenbürtig entgegen. Sultan Ahmed konnte die Kirche zwar noch einweihen, starb aber kurz darauf an Typhus.

und wandelte sie in ein Museum um. Umfassende Renovierungsarbeiten brachten den christlichen Urschmuck hervor und verdeutlichen die wechselvolle Geschichte des Sakralbaus.

Als letzte der großen Sultansmoscheen entstand die Sultan-Ahmed-Moschee (oben und unten), die ihr Erbauer im 17. Jahrhundert mit großem Prunk errichten ließ. Ihren Rufnamen „Blaue Moschee" erhielt sie aufgrund der tausenden blauen Fliesen, die ihr Inneres auskleiden.

Die Blaue Moschee im 19. Jahrhundert. Sie entstand im Stile des Architekten Sinan.

Maurisches Erbe: Die Mezquita von Córdoba

Die einstmals größte Moschee des Abendlandes protzt nicht mit verschwenderischem Fassadenschmuck. Ihre Schönheit offenbart sich im Inneren durch hunderte Säulen und zauberhafte Märchenpracht. Luxus gehöre nicht nach außen, meinen die Muslime, deren Vorfahren den prachtvollen Bau im Jahre 785 im spanischen Córdoba begannen. Araber und Berber aus Nordamerika hinterließen damit dauerhafte Spuren, die von ihrer Herrschaft auf der Iberischen Halbinsel erzählen.

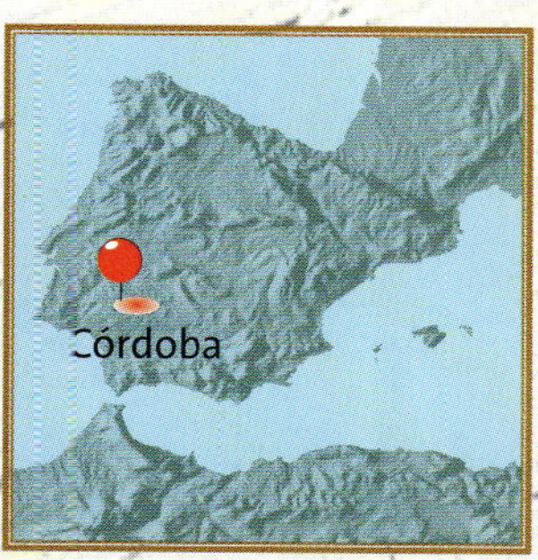

Die grösste Moschee des Abendlandes

Im Jahre 710 unterlag der letzte Westgotenkönig Roderich dem nordafrikanischen Feldherrn Tarik. Der Sieger unterwarf mit seinem 7000 Soldaten starken Heer den Süden der Iberischen Halbinsel und drängte die christlichen Westgoten nach Norden zurück. Die Iberische Halbinsel wurde Provinz der Omajaden-Kalifen. Deren Dynastie war am nordafrikanischen Hof blutig ausgerottet worden. Der einzige Überlebende, der spätere Kalif Abd ar-Rahman I., flüchtete zunächst zu den Berbern in das Atlasgebirge und später auf die Iberische Halbinsel. Sie sollte das neue Fürstenreich des Prinzen werden. 756 gründete er dort das unabhängige Emirat Córdoba, siedelte Kunst und Wissenschaft an, baute Schulen, Bäder, Krankenhäuser und hunderte Moscheen und machte damit die Stadt zur bedeutendsten Metropole des Abendlandes. Von der christlichen Kirche kaufte er das Grundstück, auf dem die größte Moschee des Abendlandes errichtet werden sollte: die Mezquita. Unter maurischer Herrschaft gediehen Handel und Gewerbe. Im 10. Jahrhundert erreichte das Kalifat seine Blütezeit, doch bereits 1031 wurde der letzte omajadische Herrscher gestürzt. Das Reich der Kalifen von Córdoba zerfiel und die Christen eroberten sich das Land zurück. Doch die Mauren hatten im Land ihre unverwechselbaren kulturellen Spuren hinterlassen.

Moschee und Gotteshaus

Einst stand auf dem Platz, an dem Abd ar-Rahman I. die Mezquita erbauen ließ, ein römischer Tempel. Auf seinen Grundmauern errichteten die Westgoten eine Basilika. Hier sollte die große Moschee stehen. Dafür wurde die Basilika abgerissen und nur einige römische und westgotische Säulen weiter

Alter: 785 begonnen, im 10. Jahrhundert vollendet
Zweck: größte Moschee des Abendlandes
Grösse: 179 Meter Länge, 129 Meter Breite, 856 Säulen

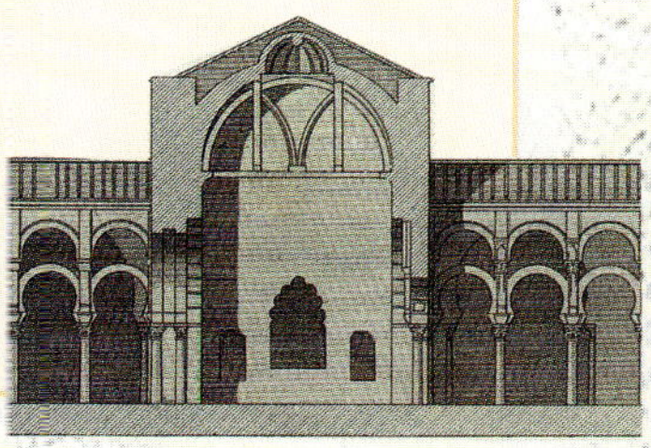

Von außen erscheint die Mezquita (links) eher schlicht und verrät kaum ihr prachtvolles Inneres. Im riesigen Betsaal (linke Seite, Rekonstruktion aus dem 19. Jahrhundert) wechselten sich die Religionen ab: Erst fanden sich hier muslimische, später katholische Gläubige zusammen.

„Über dem Westen strahlt die leuchtende Zier der Welt, Córdoba!“
Roswitha von Gandersheim, Nonne, 8. Jahrhundert

Von ihrer Gründung im Jahre 785 bis zur Vollendung 990 wurde die Mezquita dreimal erweitert. 856 Säulen, Kuppeln mit Goldgrundmosaik, Blumenbögen und Schriftbänder (oben und rechts) verzieren den Sakralbau.

verwendet. 785 begann der Bau, doch seine endgültige Größe erhielt er erst im 10. Jahrhundert. 856 reich verzierte Säulen mit prachtvollen Blumenbögen und Schriftbändern trugen die Moschee. Am Ende der Versammlungshalle lag das Allerheiligste, die Gebetsnische, der Mihrab, der gen Mekka ausgerichtet sein muss, um den Gläubigen die Richtung zu weisen. Mehrere Vergrößerungen des Gebetshauses waren vonnöten, um der kulturellen und wirtschaftlichen Metropole Córdoba zu entsprechen. Mit 179 Metern Länge und 129 Metern Breite stand die Mezquita schließlich als Symbol für die islamische Macht auf der Iberischen Halbinsel. Nach dem Untergang des Kalifats ging die Moschee in den Besitz der christlichen Kirche über, die das Kunstwerk umbaute. 1523 wurden 63 Säulen abgerissen, um Platz für eine Kathedrale zu schaffen. Das Minarett erhielt eine Ummauerung zum Glockenturm und der Innenhof Orangenbäume. Durch die Umfunktionierung entging das muslimische Gotteshaus höchstwahrscheinlich der späteren totalen Zerstörung. Denn die katholische Kirche hätte wohl kaum fremde Götter im eigenen Lande geduldet.

Die Gebetshallen und Höfe bilden einen Teil im muslimischen heiligen Ritus. Doch bevor die Gläubigen zu beten beginnen, müssen sie sich einer rituellen Waschung unterziehen. Brunnen und ständig fließendes Wasser sind deshalb an jeder Moschee zu finden, im heißen Afrika oder Südspanien jedoch purer Luxus. Der Orangenhof in der Mezquita stand für die Waschungen. Auch der umgebende Garten sorgte für religiöse und mystische Versenkung. Er symbolisierte mit seiner konkreten Architektur die Einheit zwischen künstlich Erschaffenem und der Natur. Die Säulen im Inneren und die Symbole und Verzierungen wiederholen die Eindrücke aus der Außenwelt.

DEM GÖTTLICHEN BERG MEHRU NACHEMPFUNDEN

Borobudur, Prambanan in Java und Kandariya-Mahadeva in Indien haben ihren gemeinsamen Ursprung in der hinduistischen Religion. Ihr zufolge ruht das gesamte Universum auf dem goldenen Tempelberg Mehru, dem Sitz der Götter und Halbgötter, der auch im Buddhismus das Zentrum der Welt darstellt. Nach seinem Vorbild erbauten die Gläubigen die Tempelanlagen, unterteilten sie in äußere Kreise, die materielle Welten repräsentieren, während die inneren für das absolute Reich stehen.

BOROBUDUR

Für die Nachbildung des heiligen Ortes Mehru legten die Hindus im 8. Jahrhundert Spitztürme, Bildnisse und Stupas als stufenförmige Terrassenpyramide an, die als Abbild des Universums Himmel und Erde symbolisch zusammenfügen soll. Begann der Tempelbau als rein hinduistisches Kunstwerk, veränderte er sich bald, denn während der Bauzeit eroberte der Buddhismus die Insel. Über 500 Buddhafiguren sitzen noch heute in den heiligen Schreinen, den Stupas, der obersten Terrassen und gaben Borobudur schließlich seinen Namen: viele Buddhas.

PILGERSTÄTTE IM DSCHUNGEL

Im 8. Jahrhundert unserer Zeit fanden die Herrscher des Königreichs Schailendra den Punkt, in dem sich die Sonne mit der Erde verbindet. Auf dem auserwählten Berg auf der Insel Java erbauten sie eine Tempelanla-

ALTER: ab 800 erbaut
ZWECK: erst hinduistische, später buddhistische Tempelanlage
GRÖSSE: Seitenlänge 123 Meter, 1600 Reliefs, 72 Stupas

Borobudur wurde als hinduistischer Tempel gegründet. Nachdem der Buddhismus die Insel erobert hatte, veränderte sich auch das Bild der Tempelanlage.
Wollen die Gläubigen die oberste Plattform erreichen, müssen sie erst einmal acht Terrassen im Uhrzeigersinn umkreisen, die auf über 1500 Steinreliefs aus dem Leben Buddhas erzählen.

Borobudur bezaubert durch seine etwa 500 Buddhafiguren, die im Inneren der Stupas sitzen. Daraus ergab sich schließlich der Name des Heiligtums: Borobudur bedeutet „viele Buddhas".

Jede Buddhafigur saß in einer rhombenförmig durchbrochenen Stupa. Die Kuppel dieser Figur (oben) ist jedoch zerstört. Jeder Buddha demonstriert einen Weg oder eine bestimmte Lehre eines Meisters.

ge, die heute als eines der größten Bau-Denkmäler gilt. 80 Jahre lang arbeiteten zehntausende Helfer an der Anlage, die am Ende ein buddhistisches Antlitz bekam, denn längst hatte der Buddhismus in Indonesien Einzug gehalten. Buddhadarstellungen in Form von Steinfiguren, Bronzestatuen und Reliefbildern schmückten die Wände und Heiligtümer. Um 830 wurde die Tempelanlage fertig gestellt und diente bis Mitte des 10. Jahrhunderts als Pilgerstätte. Nach dem Ausbruch des Vulkans Merapi im Jahre 1006 wurden Teile Borobudurs zerstört und in den darauf folgenden Jahren vom Dschungel überwuchert. Erst einige Jahrhunderte später entdeckte eine englische Expedition den im Blattwerk versunkenen Tempel. 1907 bis 1911 begannen die ersten Restaurierungsarbeiten, die vom englischen Gouverneur vorangetrieben wurden. Mithilfe der UNESCO konnte zwischen 1970 und 1980 das stark beschädigte Heiligtum wieder so hergestellt werden, wie es als Abbild des kosmischen Berges Mehru gedacht war.

Von der Erde in den Himmel

Die Tempelanlage wurde auf einem Hügel in Form einer 34 Meter hohen Terrassenpyramide angelegt. 56000 Kubikmeter Stein schichteten die Arbeiter übereinander. Mit ihren unterschiedlichen Stufen soll die Pyramide die irdische mit der jenseitigen Welt symbolisch verbinden. Die untersten fünf Terrassen mit ihrem quadratischen Grundriss vertreten die irdische Welt. Auf ihnen erheben sich drei kreisförmige Terrassen – als Sinnbild der geistigen Welt. Eine Stufe höher lassen zahlreiche, glockenförmige Stupas die unterschiedlichen buddhistischen Richtungen lebendig werden: Jeder Buddha, der im Inneren eines Schreines sitzt, deutet mit einer Handbewegung auf den jeweiligen religiösen Weg der verschiedenen Lehren hin. Auf der Spitze des Tempelbaus steht ein großer, leerer Schrein, der das Ziel des Buddhismus verdeutlicht, das Nirwana und den Himmel. Die vollständige Auflösung und geistige Freiheit im Nirwana ist für die Buddhisten die Erlösung aus dem Elend der Welt. Während hoher religiöser Feiertage umrunden Buddhisten das Heiligtum im Uhrzeigersinn, um sich von dem Bösen abzuwenden, das in entgegengesetzter Richtung kommt. Von Terrasse zu Terrasse gehen sie den Weg von allem Irdischen zum Himmel.

Steinerne Reliefs

Etwa 1500 Reliefs schmücken die einzelnen Terrassen und stellen die wichtigsten Szenen aus Buddhas Leben und seinen Lehren dar. Entlang des fünf Kilometer langen Weges offenbart sich neben der Fülle der buddhistischen Lehren auch das Leben der arbeitenden Menschen auf der Insel Java zur damaligen Zeit. Detailgetreu zeigen sich das Familienleben, die Arbeit auf dem Land und auf der See, Kriege und Tänzer. Die Tafeln spiegeln die buddhistische Kunst wider, auch wenn die ursprünglich farbenprächtige Bemalung nicht mehr zu sehen ist.

PRAMBANAN

Auf der Insel Java liegt ein bedeutendes Heiligtum der Hinduisten, der Tempel von Prambanan. Unter den hinduistischen Herrschern der Sanjara-Dynastie, die Java im 9. Jahrhundert regierte, entstand der gewaltige Tempelkomplex. Bis zum 10. Jahrhundert wurde an der Anlage gebaut.

ALTER: zwischen 850 und 950 erbaut
ZWECK: hinduistische Tempelanlage
GRÖSSE: höchste Tempel 47 Meter hoch, mehrere hundert kleine Tempel

Vom hinduistischen Erbe der Insel Java zeugt auch die große Tempelanlage von Prambanan (links). Die Türme des Heiligtums sind weithin sichtbar. Jahrhundertelang war der Ort vergessen und von der Vegetation überwuchert.

Die Reliefs (oben und rechts) in Prambanan erzählen die Geschichte von Rama, dem Helden aus dem Ramayana-Epos. Auch hier schmücken sie die Wände auf dem Rundgang, den die Gläubigen auf dem Weg zur Spitze zurücklegen. Im Tempel des Shiva befinden sich an der Spitze vier Kammern, in einer steht Shiva auf einem gigantischen Sockel aus Lotusblüten.

Das zentrale Heiligtum mit Tempel und reich verziertem Turm weihten die Gläubigen dem Gott Shiva. In dieser 20-seitigen und 49 Meter hohen Kultstätte steht der weltschaffende und weltzerstörende, vielarmige Shiva. Auch dessen Gemahlin Durga, auf Java als schlanke Jungfrau dargestellt, thront hier, ebenso Ganescha, der elefantengestaltige Gott der Weisheit und Schützer des Wohlstands. Neben Shivas Tempel stehen die Tempel der beiden hinduistischen Götter Vishnu und Brahma. Die gesamte Anlage schmücken steinerne Reliefs, die den indischen Ramayana-Epos erzählen. Nur 40 Kilometer entfernt vom buddhistischen Wallfahrtsort Borobudur gingen die Hinduisten ihrer Religion in friedlicher Nachbarschaft nach. Weitere 244 kleinere Tempel unterschiedlicher Baustile finden sich in der näheren Umgebung der Haupttempel. In ihnen werden die zahlreichen Göttinnen und Götter des hinduistischen Pantheon verehrt.

DER KANDARIYA-MAHADEVA-TEMPEL

Im mittelindischen Bundesstaat Madhya Pradesh liegt eine Tempelanlage aus über zwanzig verschiedenen Tempeln. Sie zählten über achtzig Sakralbauten, wurden zwischen 950 und 1050 errichtet und verschiedenen Göttern geweiht.

Vor allem zwei Strömungen bestimmten damals das religiöse Leben: der Brahmanismus und der Jainismus. In ihrer perfekten Balance zwischen Architektur und Skulptur gehören sie zu den Meisterwerken indischer Kunst. Unter ihnen erhebt sich der Kandariya-Tempel als der größte der Tempel in Khajuraho, der einstigen Hauptstadt der Chandella-Dynastie. Er ist dem Gott Shiva und einem besonderen Teil der indischen Philosophie geweiht: der Verbindung von Materie und Natur mit der Seele. Dazu errichteten die hinduistischen Gläubigen den mehrstufigen Tempel in der Tradition des heiligen Berges Mehru und verzierten ihn mit Skulpturen der unterschiedlichen körperlichen Vereinigungen. Mehr als 800 Abbildungen umlaufen in drei Bändern die Außenfassade. Hier verschmelzen die große Göttin Mahadevi als Form der Materie mit dem Symbol der Seele, dem Gott Shiva. In Paaren versinnbildlichen sie eine die Welt erhaltende Vereinigung mit ausschließlich religiöser Bedeutung.

DAS HEILIGE INNERE

Das Innere der rechteckigen Tempelbauten ist eher schlicht gehalten. Eine offene Säulen-

Der Kandariya-Tempel (unten) gehört zu einer Anlage, die einst aus 80 Tempeln bestand, von denen heute aber nur noch 20 erhalten sind.

„Der Kandariya-Tempel fasst Indiens glorreiche Periode der religiösen Gebäude zusammen ... sein Äußeres erinnert an den Berg Mehru."

G. E. Kidder Smith, Autor, 1990

Das göttliche Paar, Vishnu und Lakshmi (oben), sind in enger Umarmung oben links dargestellt. Die Schmalseite des Tempels zeigt den größten Turm von vorn (rechts).

ALTER: zwischen 950 und 1050 erbaut
ZWECK: hinduistischer Tempel der göttlichen Vereinigung
GRÖSSE: 30 Meter hoch, 800 Abbildungen

halle empfängt die Eintretenden. Im nachfolgenden Raum versammeln sich die Gläubigen zum Gebet. Dahinter befindet sich das Heiligtum des Tempels, ein Raum mit dem Abbild des Gottes Shiva und dem verehrten großen Phallussymbol. Nur Priester und Herrscher durften diesen Teil betreten. In der Wand wurde das Mandala eingemauert, die goldene Schatulle mit den Insignien des Gottes: Edelsteine, Lotusblumen, Weizen, Farbstoffe und Metalle.

DER HINDUISMUS

Die mythologisch verfasste Religion des Hinduismus entwickelte sich während der letzten vor- und der ersten nachchristlichen Jahrhunderte. Die religiöse Tradition teilt Menschen in Kasten ein, in soziale Gruppen, denen jeder Mensch nach dem Stand der Geburt angehört. Dabei gründet sich die Lehre nicht auf einen Stifter oder einen Kanon, sondern einzig auf die Tradition. Das Daseinsverständnis liegt im Gesetz des Karma, also in jeder jetzigen Tat, die in einem neuen Leben positiv oder negativ vergolten wird.

Hinduistische Gottheiten

Als im 7. Jahrhundert der Hinduismus erneut in Indien erstarkte und für 700 Jahre Leben und Kunst beeinflusste, trat auch im künstlerischen Tempelbau eine neue Zeit an. Die zahllosen Götter des hinduistischen Kosmos erfuhren ihre Verehrung in Architektur, Skulpturierung, im Tanz und in der Literatur. Doch vor allem die Tempel avancierten zur Wohnstätte der Götter, wo die mächtige Priesterkaste der Brahmanen für die Abbilder sorgte, ihnen frische Blumen und Früchte opferte und die Skulpturen salbte.
Im Hinduismus teilt sich der Bewahrer und Beschützer Vishnu, der in verschiedenen Gestalten die Erde besuchte, die Macht mit Shiva, dem Zerstörer und Erneuerer des Lebens, sowie mit Brahma, dem Schöpfer. Als Gott der Weisheit und Schützer des Wohlstands gilt der elefantengestaltige Ganescha, Sohn des Shiva und der Durga, der großen Göttin. Auch Rama und der Flöte spielende Krishna sind Götter, die neben zahlreichen Dämonen und Geistern den Götterhimmel bevölkern.

Wer dem Kandariya-Mahadeva-Tempel in Indien gegenübersteht, schaut verwundert auf einen gewaltigen Sakralbau des Hinduismus, der nicht nur den heiligen Berg Mehru und das Universum darstellt, sondern auch die Vereinigung hinduistischer Götter in hunderten erotischen Skulpturen (oben, ganz oben). Sie bilden den Ausgangspunkt für insgesamt über 800 Darstellungen des Geschlechtsakts zwischen der großen Göttin Mahadevi und dem Gott Shiva.

AM BRUNNEN DER ITZÁ

Auf der mexikanischen Halbinsel Yucatán liegt einer der einstmals einflussreichsten Orte der mittelamerikanischen Welt, die etwa bis ins 10. Jahrhundert die Mayas und anschließend die Tolteken bewohnten. Erst 1841 entdeckten Archäologen die Ruinenstadt wieder. Die meisten Ausgrabungen legen ein einprägsames Zeugnis der beiden unterschiedlichen Kulturen ab, die hier lebten.

Zur kultischen Anlage in Chichén Itzá gehörte auch der Caracól, ein Observatorium (unten vorn), sowie die Pyramide Kujulkán (unten hinten).

In der Sprache der Maya bedeutet der überlieferte Name Chichén Itzá wörtlich „am Brunnen der Itzá“. Wer die Itzá waren, ist bis heute nicht genau belegt. Vermutlich handelt es sich um einen Stamm der Maya, die hier in den ersten Jahrhunderten unserer Zeitrechnung ihre eigene Kultstätte anlegten. Als die Mayakultur etwa gegen Ende des 10. Jahrhunderts niederging, übernahmen die Toltekenkönige die Stadt, errichteten neue Monumente und einen gewaltigen Tempelpalast auf den alten Grundmauern, beschäftigten aber noch die Steinmetze der Maya, die ihre kulturellen Spuren hinterließen. Die Opferrituale und Ballspiele scheinen blutrünstig. Am Ende einer Straße befand sich ein riesiger Brunnen mit 60 Metern Durchmesser. Auf seinem Grund lagen dutzende Skelette. Sie stammten von Mädchen und Jungen, die in Dürrezeiten in den Brunnen geopfert wur-

„Um sie ranken sich Geschichten vergangenen Ruhmes.“
unbekannter Archäologe, 1917

den, um den Regengotts Chac milde zu stimmen. Doch die Blütezeit der Stadt währte nur kurz. Bereits im 13. Jahrhundert verließen auch die Tolteken wieder die Stadt und übergaben sie dem Dschungel.

DIE TEMPEL UND STERNWARTEN

Den neunstufigen, pyramidenförmigen Tempel mit dem Namen El Castillo, das Schloss, errichteten die Mayas auf den Resten eines noch älteren Tempels. Mit den Terrassen und Stufen symbolisiert der Bau eindrucksvoll das Jahr. Die Aufgänge zeigen in die vier Himmelsrichtungen. Wie gut die damaligen Astronomen das Sonnensystem kannten, beweist ein halbjährliches Schauspiel: Zur Tagundnachtgleiche im Frühling und im Herbst lassen die Schatten der einfallenden Sonne den Schlangengott aus dem Tempel kriechen. Das Schauspiel entsteht, indem die wandernden Sonnenstrahlen auf den in Stein gemeißelten Kopf und Schwanz treffen und eine kriechende Schlange auf die Treppenmauern projizieren.
Die Mayas stellten astronomische Berechnungen in erstaunlicher Exaktheit an. Etwas abseits der Stadt liegt das Observatorium mit einer doppelten Steinterrasse und Turm. Die drei Fensterschlitze in der Sternwarte weisen auf Punkte des Sonnen- und Monduntergangs. Mithilfe dieser Punkte berechneten die Astronomen der Mayas ihre Kalender.

BALLSPIELE UM LEBEN UND TOD

In jedem Stadtstaat finden sich rechteckige Spielplätze, die an den beiden gegenüberliegenden Seiten hohe Mauern säumen. Ball-

ALTER: zwischen 400 und 1200 u. Z. erbaut
ZWECK: Stadt und Heiligtum der Mayas und Tolteken
GRÖSSE: mehrere Tempel, Ballspielanlage, Prozessionsstraße, Observatorium, Schädelplattform

Bereits zur Zeit der spanischen Eroberung lag die Stadt in Trümmern. Doch erst im 19. Jahrhundert wurde sie wieder entdeckt, vom Dschungel überwuchert, wie diese zeitgenössische Abbildung zeigt (unten).

Am Ballspielplatz säumen Steinringe (oben) die hohen Wände. Wahrscheinlich mussten die Spieler – mit oder ohne Einsatz der Gliedmaßen – den Ball dort hindurchwerfen. Ständige Blutopfer sollten den wütenden Gott Quetzalcoatl daran hindern, die Welt zu zerstören. Zum rituellen Opfer gehörten fortan Menschenherzen. Auch die Steinschale der Chac-Mol-Figur (rechts) in Chichén Itzá diente wahrscheinlich dazu, Menschenherzen und Blut aufzufangen.

Etwa gegen 950 erlangten die Tolteken Macht in Zentralamerika. Ihr Gott Quetzalcoatl, die gefiederte Schlange, stammte eigentlich aus Teotihuacán. Der Sage nach war er aus dieser Stadt verbannt worden. Sein Abbild (unten) ist überall in Chichén Itzá gegenwärtig.
Im Tempelinneren (links) herrscht eine sakral-mystische Atmosphäre.

spiele nahmen einen hohen Stellenwert ein, welche rituelle oder religiöse Bedeutung dahinter stand, ist allerdings bis heute ungeklärt. Wahrscheinlich kämpften die Beteiligten um ihr Leben, denn zahlreiche Reliefs an den Begrenzungsmauern zeigen enthauptete Menschen. Die Spielregeln waren von Ort zu Ort verschieden, ähnelten aber dem noch heute bekannten Pelota. Wahrscheinlich mussten die Spieler – mit oder ohne Einsatz der Gliedmaßen – den Ball durch einen der Steinringe werfen, die am oberen Ende der Mauer angebracht waren.

Göttergehorsam und Gottgleichheit

Bereits 2000 v. u. Z. bewohnten Mayas Gegenden im heutigen Belize. Zwischen dem 4. und 11. Jahrhundert u. Z. erreichte das Volk seine größte Macht und Ausdehnung. Die Mayakultur war dabei die einzige im präkolumbianischen Amerika, die eine eigene Schrift entwickelte. Ihre Stadtstaaten entsprachen dem bekannten Muster: Paläste und mehrstöckige Gebäude, kultische Ballspielplätze, gewaltige Pyramidenstümpfe, auf deren Spitze ein Tempel stand, und Observatorien gruppierten sich um einen oder mehrere zentrale Plätze. In den Städten lebten bis zu 50 000 Menschen verstreut auf kleine Häusergruppen, die entlang der angrenzenden Hügel standen. Die Mayas ernährten sich von Mais, Bohnen, Maniok und Kürbissen, die sie auf ihren Äckern anbauten. Jeder einzelne Stadtstaat entwickelte seine eigene Kultur, die sich auf Göttergehorsam und die Gottgleichheit der Herrscher stützte. Als im 12. Jahrhundert die Macht der Mayas erschwächte, verließen diese etwa Mitte des 13. Jahrhunderts Chichén Itzá, das zu dieser Zeit bereits die Tolteken übernommen hatten.

DIE GEHEIMNISVOLLEN STATUEN DER OSTERINSEL

Tausende Kilometer entfernt von jeglicher Zivilisation stehen gewaltige, bis zu 20 Tonnen schwere Skulpturen aus Tuffstein und blicken über das weite Land der Osterinsel. Bis heute bleibt es ein Rätsel, wie und warum die Ureinwohner jene seltsam geformten Kolosse, die ihre Nachfahren heute Moai nennen, einst errichtet haben. Auskunft können weder Steine noch Menschen geben. Ein Krieg zwischen den Einheimischen vernichtete im 18. Jahrhundert die meisten Spuren der Kultur und Bewohner. Die Geschichte, Religion und auch die alte Schrift der Insulaner bleiben daher bis heute ein Rätsel.

Bis heute geben die geheimnisvollen Statuen, die von den Einheimischen Moai genannt werden, Rätsel auf. Handelte es sich hierbei um eine beschützende Ahnenverehrung?

„Wir können nur schwer begreifen, wie diese Insulaner völlig bar jeglicher mechanischer Leistung solche riesigen Figuren aufstellen konnten.“

Kapitän James Cook, 1774

Lang- und Kurzohren

Die Osterinsel ist 23 Kilometer lang und 11 Kilometer breit und gilt als die abgelegenste bewohnte und letzte polynesische Insel. Ihre Bewohner nennen sie Rapanui. Den internationalen Namen „Osterinsel“ erhielt sie nach dem Tag ihrer Entdeckung. Der Holländer Roggeveen landete hier erstmals zu Ostern im Jahre 1722. Das Eiland besteht vor allem aus vulkanischem Gestein, das eine dünne Grasflur bedeckt.
Woher die ersten Besiedler kamen, ist bis heute ungeklärt. Einige der Vorfahren stammen sicher aus Peru aus der Nähe des Titicacasees. Geschichten über eine ferne Insel im Westen spielen noch heute in den Legenden von Peru eine Rolle. Ebenso könnten sich hier vor 1100 Jahren Polynesier sesshaft gemacht haben. Die Legende erzählt, dass einst zwei Menschenrassen die Insel bewohnten. Aus dem Osten – wahrscheinlich Südamerika – kamen die Langohren. Später folgten die Kurzohren aus dem Westen – vielleicht Polynesien – und unterwarfen die Langohren.

Seltsame Moai

Die Ureinwohner entwickelten eine alte Kultur, in der große Statuen aus Tuffstein, die Moai, zur Verehrung der Ahnen an heiligen Orten aufgestellt wurden. Diese Steinköpfe spielten in der Tradition der Insel eine Kernrolle in der Religion und im spirituellen Leben. Die Steinfiguren galten als Quellen kosmischer, magischer Kräfte, die ihre Nachfahren schützen sollten. Zwischen 1200 und 1500, also über einen Zeitraum von 300 Jahren, entstanden die meisten der Moai. Zwischen 4 und 15 Meter hoch und im Durchschnitt etwa 20 Tonnen schwer thronten die Kolosse auf Steinaltären, die bereits vorher, etwa im 7. Jahrhundert und teilweise sogar

Alter: Moai ab 1000 u. Z.
Zweck: Abbilder der Ahnen zur kultischen Verehrung
Grösse: zwischen 4 und 15 Meter hoch, 20 bis 100 Tonnen schwer

Ende des 19. Jahrhunderts (zeitgenössische Abbildung unten) lebten nur noch 200 Rapanui auf der Osterinsel. Ihre Kultur war zerstört.

Die meisten Moai (rechts und gegenüberliegende Seite) stehen in einer Reihe und blicken ins Landesinnere. Vielleicht befand sich in ihrem Blickfeld eine Menschensiedlung, die sie bewachen sollten?

Die Osterinsel ist das östlichste Siedlungsland der Polynesier, die bei ihrer Besiedlung vermutlich auf eine Vorkultur stießen. Jahrhunderte lebten die verschiedenen Stämme friedlich nebeneinander bis ins Jahr 1750, als interne Kriege sie fast völlig ausrotteten. Zu den wenigen erhaltenen Zeugen der Kultur gehören hölzerne Tafeln mit Schriftzeichen (unten), die allerdings bis heute nicht vollständig enträtselt werden konnten. Neben den rätselhaften Steinskulpturen finden sich auch Zeichnungen (rechts) auf Steinen.

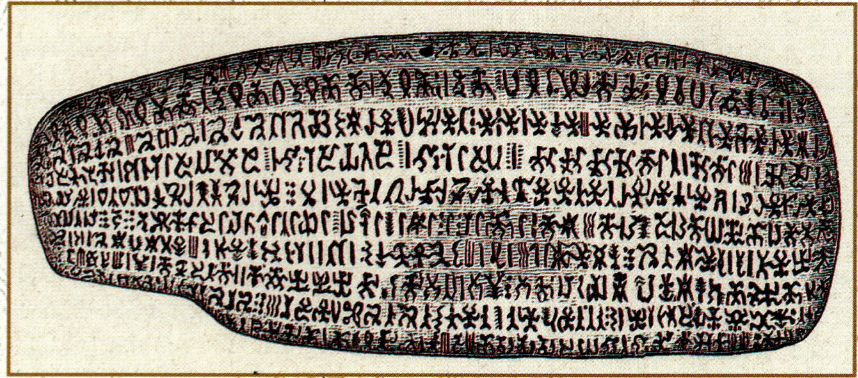

kurz nach der Besiedlung im 5. Jahrhundert errichtet worden waren. Diese großen, rampenförmigen Steinaufschichtungen standen entlang der Küste und waren mit meterhohen Stützmauern versehen. Nur wenige dieser so genannten Ahu kamen im Landesinneren vor. Alle Ahu galten als Teil eines Zeremonienkomplexes, der auf den Toten- und Ahnenkult ausgerichtet war. Sie dienten außerdem als Krematorium und Grabkammern. Ab etwa dem Jahre 1000 stellten die Rapanui die ersten Kolossalstatuen darauf, die in wenigen Fällen sogar bis zu 15 Meter hoch und über 100 Tonnen schwer sein konnten. Vermutlich füllten weiße Korallen, Tuff und Obsidian die Augen der Moai, so wie es noch heute die einzige sehende Statue Ko te Riku zeigt. Die meisten Statuen stehen in einer Reihe und blicken ins Landesinnere an eine Stelle, an der vielleicht einstmals eine ehemalige Siedlung lag.

EINE KULTUR GEHT UNTER

Während der christlichen Missionierung zerstörten die Europäer wertvolles Kulturgut. Dadurch ist bis heute kaum etwas über den traditionellen Gott, der Make-Make hieß, und die kleinen Götterstatuen in den Höhlenwohnungen bekannt. Auch die Schriftzeichen auf zahlreichen hölzernen Tafeln, die eine eigene, nur auf dieses Gebiet beschränkte Schrift tragen, konnten nicht vollständig entziffert werden. Als der holländische Entdecker im Jahre 1722 die Insel betrat, berichtete er von drei verschiedenen Menschenrassen, die friedlich nebeneinander lebten: Menschen mit dunkler, mit eher rotfarbener und mit ausgesprochen heller Haut. Sie beteten die Statuen an, verehrten ihre Götter und waren freundlich zu jedermann. Noch 1770 begegnete eine spanische Expedition den friedliebenden Einwohnern. Doch bereits vier Jahre danach, als James Cook die Osterinseln betrat, bot sich ihm ein Bild der Ödnis. Die Statuen waren umgeworfen und die Menschen verhielten sich feindlich untereinander und gegenüber Fremden. Hatten Kriege und Streitereien die alte Kultur geschwächt und somit fast vollständig ausgelöscht?
Erbitterte Stammeskämpfe, Kannibalismus, Überbevölkerung und die Vernichtung der Wälder, die eine wüste Graslandschaft auf der Insel hinterließen, dezimierten die Urbevölkerung stark. Im 19. Jahrhundert gaben die peruanischen Sklavenjäger das ihre dazu und rotteten die übrige Bevölkerung fast vollständig aus. Von den einstmals 7000 Menschen auf der Insel überlebten gegen Ende des 19. Jahrhunderts nur etwa 200. Seitdem das 3860 Kilometer entfernte Chile die Insel im Jahre 1888 annektierte, ist auch die polynesische Sprache, das Rapanui, fast völlig vom Spanischen verdrängt worden. Heute leben etwa 2500 Menschen auf der Osterinsel. Die meisten davon in der einzigen Stadt der Insel, Hanga Roa.

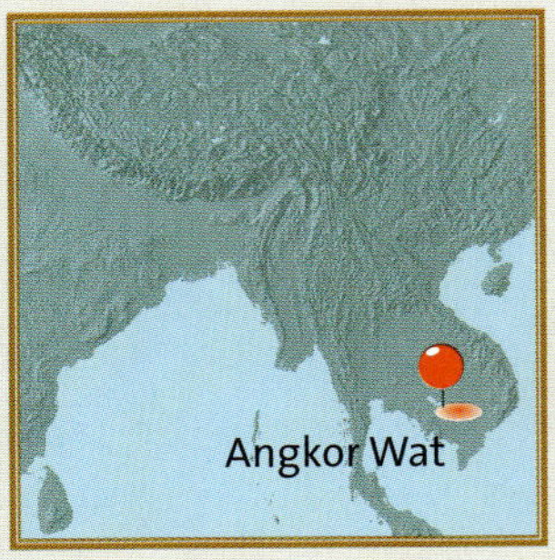

HEILIGTUM ASIENS: ANGKOR WAT

In der Hauptstadt Angkor der gottgleichen Khmer erhebt sich der Tempelbezirk Wat, der als das umfangreichste Heiligtum Asiens gilt. Im 12. Jahrhundert dem Hindu-Gott Vishnu geweiht, diente er als Pilgerstätte. Doch bereits im 14. Jahrhundert versank der Tempelberg für 600 Jahre im Dschungel, dann setzten Kriege und Verwüstungen ihm zu. Heute scheint der Dschungel erneut seinen Tribut zu fordern.

„Angkor Wat ist für die Menschen in Südostasien, was Rom für die Christen ist."
Missionar, 17. Jahrhundert

Die einstige Hauptstadt der Khmer war jahrhundertelang ein Schmelztiegel buddhistischer, hinduistischer und lokaler Kultur. 200 Tempel sind von der ehemaligen Khmer-Hauptstadt noch erhalten und erstrecken sich in Angkor über 2 Quadratkilometer Fläche. Der größte unter ihnen ist Angkor Wat.

DIE KHMER

Zwischen dem 9. und 15. Jahrhundert regierten die Khmer über Kambodscha. Sie sahen sich gottgleich als irdische Inkarnation des hinduistischen Gottes Vishnu. In der Blütezeit reichte das Khmer-Reich vom heutigen Thailand bis Vietnam und umfasste somit große Teile Südostasiens. Ihre Hauptstadt Angkor gehörte zu den größten Metropolon Asiens. Bis zu einer Million Menschen sollen hier gelebt haben. Im 12. Jahrhundert erbaute der König Suyarvarman II. die Tempelanlage Angkor Wat als Heiligtum und himmlischen Palast für die Geister der Könige, aber auch als seine eigene Begräbnisstätte. Als 1430 die Siamesen in das Land einfielen, flüchteten die Khmer aus Angkor und die Tempelanlage versank im Dschungel. Von der blühenden Stadt blieben allein die Steintempel der Khmer erhalten. Die Paläste und Hütten des Volkes, die aus Holz gebaut worden waren, gingen verloren.

ANGKOR WAT

Die Anlage von Angkor Wat umfasst ein Gebiet von 1,95 Quadratkilometern. Betreten die Besuchenden über die Portale in den Außenmauern die Anlage, stehen sie dem gewaltigen Tempel mit seinen spitzen Türmen gegenüber. Die großen Gräben entlang des Bauwerks symbolisieren den Ozean. Auch in Angkor Wat lehnten sich die Baumeister in ihren Darstellungen an den heili-

ALTER: 1113–1150 gebaut
ZWECK: Tempelbezirk zu Ehren des Hindu-Gottes Vishnu
GRÖSSE: ca. 2 Quadratkilometer, 5 bis 65 Meter hohe Türme

Ein System aus Gängen und Treppen führte die Eintretenden zum Heiligtum. Früher erhielten die Gläubigen hier ihre Segnung. Betrat der Priester vom Westen auf einem langen Damm den Tempel, ließ er alles Weltliche hinter sich und opferte den Hindugöttern. Über die Galerie gelangte er in den Zeremonienpavillon, in dem Tempeltänzerinnen den Gott Vishnu ehrten. Über eine Treppe erreichte der Gläubige den Hauptschrein, wobei er sich mit jedem Schritt vom Irdischen löste. Vishnu segnete schließlich den Priester.

gen Berg Mehru des Hinduismus an, erbauten den Tempel terrassenförmig und ließen ihn von einem künstlichen, mythologischen Meer umfließen. Den Wasserreservoirs kam aber noch eine andere Bedeutung zu: Sie sollten mit einer Vielzahl von Dämmen und Kanälen eine zusätzliche Reisernte im Jahr ermöglichen.

Die aufeinander folgenden Plattformen des Tempels sind üppig mit Szenen aus dem Hinduismus dekoriert. Die tanzende Göttin Apsaras der Khmer ist immer wieder zu sehen. Aber auch buddhistische Einflüsse tauchen auf, denn beide Religionen wurden damals verehrt. Die streng geometrische Anlage gipfelt in einem 60 Meter hohen Turm, der den heiligen Schrein birgt. Neben ihm stehen vier kleinere, ebenfalls reich verzierte Türme, die über Treppen und Höfe erreicht werden können. Sie stellen gemeinsam die fünf Gipfel des mythischen Bergs Mehru dar.

Der Segen Vishnus

Buddhismus und Hinduismus standen in Kambodscha immer gleichrangig nebeneinander und prägten die Kultur. Einstmals als hinduistischer Tempel erbaut, dient Angkor Wat heute als buddhistisches Kloster.

Einstmals als hinduistischer Tempel erbaut, dient Angkor Wat heute als buddhistisches Kloster. Buddhisten stellen auch die Mehrheit der Kambodschaner.

Buddhisten stellen auch die Mehrheit der Kambodschaner.
Wurden früher die hinduistischen Zeremonien vollzogen, näherte sich der Priester von Westen auf einem langen Damm dem Tempel. Damit ließ er alles Weltliche hinter sich und opferte den Hindugöttern. Über die Galerie gelangte der Priester in den Zeremonienpavillon, in dem Tempeltänzerinnen den Gott Vishnu ehrten. Rund sechzig Meter über dem Boden erhebt sich der Hauptschrein, der über eine Treppe zu erreichen ist. Der Priester löst sich Schritt für Schritt aus der Sphäre des Irdischen. Es empfängt ihn der Gott Vishnu, der ihn segnet und an die Geschichte seines Volkes erinnert.

Zerstörung und Plünderung

Kriege und Kämpfe, das Regime der Roten Khmer beanspruchten die Tempelanlagen stark. Auch Einschüsse in den Wänden zeugen von der Zerstörung. Zu einem Problem wuchsen auch die Plünderungen der Tempelräuber aus. Viele Statuen sind verschwunden, kopflos oder zerstümmelt. Um die Anlage vor Dieben zu sichern, sorgt erstmals in der Geschichte eines Weltkulturerbes eine Sicherheitstruppe für Schutz.

Alhambra: rote Burg von Granada

Ohne Verzierung und betont schlicht zeigt sich die Alhambra, die rote Festung, von außen und erinnert eher an ein Bollwerk. Doch von innen offenbart sie eine überwältigende Pracht. Die Könige der Nasriden, die hier im 13. und 14. Jahrhundert residierten, versuchten mit Pavillons und Innenhöfen, reichlichem Stuck, rieselndem Wasser und duftenden Blumen ein Paradies auf Erden zu schaffen.

Der Palast

Die Alhambra gilt als Zeugnis verschwenderischer islamischer Architektur und wird in ihrer Schönheit mit dem Tadsch Mahal verglichen. Doch in ihrem äußeren Erscheinungsbild unterscheiden sich beide Profanbauten voneinander. Die Alhambra wurde in mehreren Umbauten von 1238 bis 1358 in maurischer Tradition gebaut, die besagt, dass Pracht und Luxus ausschließlich in den intimen Wohnbereich – und nicht als Protz an die Außenfassade – gehören. Atemberaubende Stein- und Holzschnitzereien, verzierte Fliesen, stilisierte Rankenornamentik und arabische Schriftzeichen dekorieren die gesamte Innenausstattung. Offene Gemächer und ineinander gehende Korridore wechseln sich ab. Schlanke Säulen tragen hölzerne, wabenartige Rahmen und Gewölbe. Den Nasriden diente der Palast neben der Wohn-

Die zeitgenössische Darstellung aus dem 19. Jahrhundert (rechts) zeigt den Löwenhof (Patio de los Leones). Zwölf Löwen tragen den Wasser speienden Brunnen.

Alter: zwischen 1238 und 1358 erbaut
Zweck: Residenz der Nasriden-Könige
Grösse: 18 Hauptpaläste und Gärten, 800 Meter lange Anlage, Audienzhalle 18 Meter hoch

„Von außen betrachtet ist sie ... ohne sichtbare regelmäßige Planung. Sie gibt keine Vorstellung von der Anmut und Schönheit, die den Betrachter im Inneren erwartet."
Washington Irving, amerik. Schriftsteller, 1829

Wabenartige Rahmen und Gewölbe kennzeichnen die Säulen und Höfe in ihrer Innenarchitektur.

Von außen erscheint die Burg als zinnenbewehrte Festung und versprüht wenig von ihrem inneren Charme. Während des Sonnenuntergangs macht sie jedoch ihrem Namen alle Ehre: Alhambra bedeutet „die Rote".
Zustande kam der Name allerdings vor allem wegen der rotgoldenen Innenhöfe (unten) und des vergoldeten Stucks.

anlage als Verwaltung und Militärsitz. Jedem Palastteil gaben sie entsprechende Namen: Im Myrtenhof (Patio de los Arrayanes) liegt ein länglicher Teich, im Löwenhof (Patio de los Leones) steht ein mit zwölf Löwen verzierter Brunnen. Hier befand sich der Harem und Wohnbereich der Fürstenfamilie. Für gesellschaftliche Anlässe stand im Diwan, dem Repräsentationsbereich, der Saal der Gesandten (Sala de los Embajadores) zur Verfügung, der mit seinem Sternenmuster an der Decke in 18 Metern Höhe die Diplomaten sicher beeindruckte. Ihren Namen verdankt die Alhambra, auf arabisch „die Rote", der rotgoldenen Farbe ihrer Innenhöfe und dem vergoldeten Stuck. 1492 eroberte König Ferdinand von Aragonien die Burg. Nachdem sie bereits im 16. Jahrhundert das erste Mal renoviert wurde, begann sie im 18. Jahrhundert zu verfallen. Auch Napoleons Truppen verwüsteten einige Bauten. Anschließende Restaurierungsarbeiten versuchen bis heute, das Denkmal in seiner Schönheit zu erhalten.

DIE MAUREN IN SPANIEN

Nachdem die Mauren im Jahre 711 die westgotischen Herrscher verdrängt hatten, machten sie die Iberische Halbinsel zum Emirat und Kalifat. Erst 1236 verloren die Mauren die Herrschaft und wurden im Zuge der christlichen Rückeroberung ausgewiesen.

Nur in Granada konnte sich die muslimische Macht bis Ende des 15. Jahrhunderts halten. Im Jahre 1492 wurde der letzte maurische Herrscher ins Exil geschickt.

Hauptstadt und spanische Provinz

Granada liegt im andalusischen Bergland und ist heute die Hauptstadt der gleichnamigen Provinz. Oberhalb des Darrotals stehen die Alhambra und die maurische Sommerresidenz, der „Palacio del Generalife“. Im Alhambra-Bezirk begann der katholische König Karl V. im Jahre 1526 einen Palast zu bauen, der jedoch nie vollendet wurde. Zum Zeichen ihres Sieges über die Mauren errichteten die Christen um das Jahr 1520 eine Kathedrale. Granada verlor in den darauf folgenden Jahrhunderten zunehmend an Bedeutung.

Granada galt jahrhundertelang als Schmelztiegel unterschiedlicher Kulturen und Religionen, die sich friedlich nebeneinander entfalten konnten. Moslems, Christen und Juden lebten autark, bis Isabella von Kastilien und ihre christlichen Heerscharen die Mauren 1492 zunehmend von der Halbinsel vertrieben und die Religionsfreiheit abschufen. Die Alhambra (links) weist heute auf die maurische Vergangenheit Granadas hin.

GOTISCHES BAUWERK DER SUPERLATIVE: DER KÖLNER DOM

Als Gläubige von den Kreuzzügen sterbliche Überreste der Heiligen Drei Könige nach Köln brachten, sollte ihnen eine würdige Kirche errichtet werden. Doch der Bau im 13. Jahrhundert verzögerte sich.
632 Jahre mussten schließlich vergehen, ehe der Dom tatsächlich fertig gestellt werden konnte. Die 157 Meter hohen Türme, das 119 Meter lange Mittelschiff, die 7000 Quadratmeter große Fassade und Kunstschätze von unermesslichem Wert ließen den Kölner Dom zur Mutter aller Kirchen und zum architektonischen Wahrzeichen Deutschlands aufsteigen.

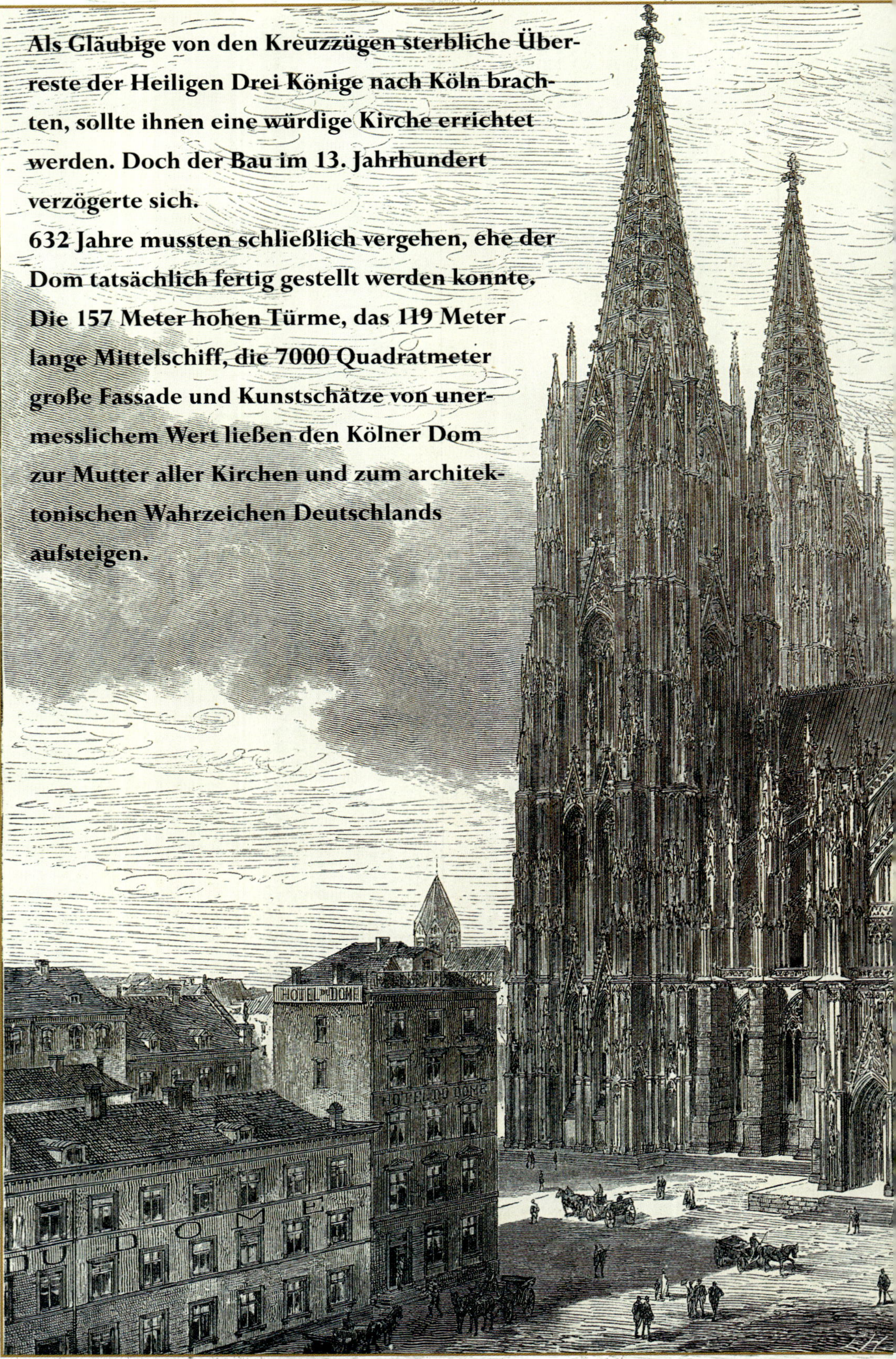

ALTER: zwischen 1248-1880 erbaut
ZWECK: Katholische Kirche
GRÖSSE: 157 Meter hohe Türme, 119 Meter langes Mittelschiff

Im Jahre 1880 war der Dom endlich fertig. Seitdem dominiert seine Silhouette die Stadt Köln (rechts: Darstellung aus dem 19. Jahrhundert; rechte Seite: Dom heute).

„Märchen vom Turme zu Babel an den Ufern des Rheins."
Goethe, 1815

Ab 1560 ruhten die Bauarbeiten für 250 Jahre. Während dieser Zeit ragte der Südturm in 59 Metern Höhe wie abgebrochen empor, wie diese zeitgenössische Darstellung (rechts) zeigt.

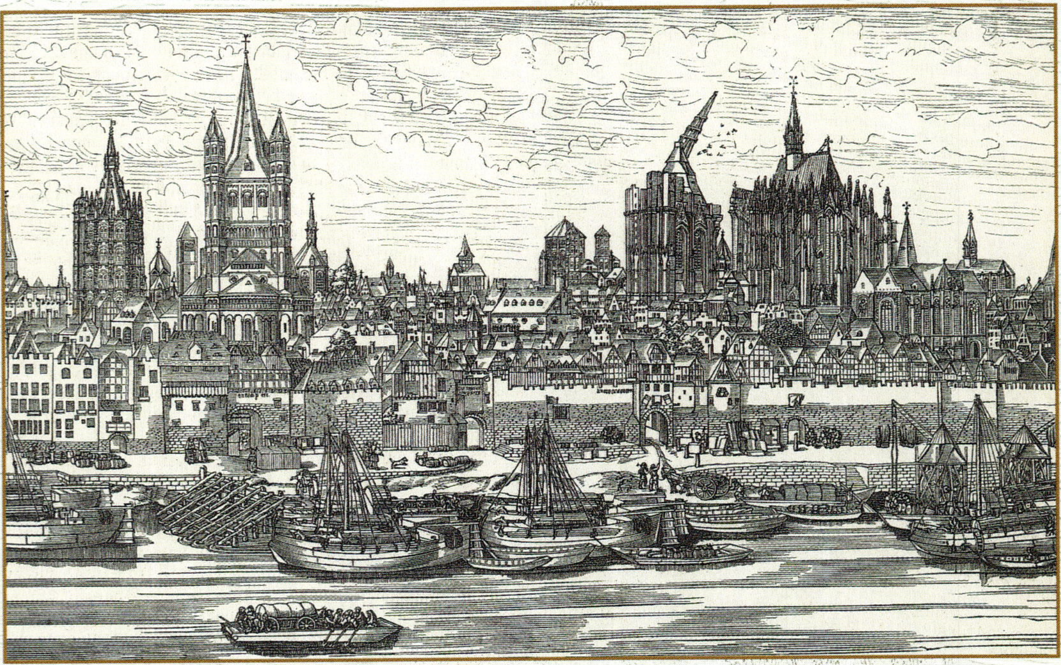

NACH FRANZÖSISCHEM VORBILD

In Frankreich standen die größten Kathedralen, denn die nordfranzösischen Städte wetteiferten um den schönsten Bau. Die Kathedrale von Chartres wurde 1195 begonnen und innerhalb von 35 Jahren größtenteils vollendet. Als der Kölner Erzbischof Konrad von Hochstaden im Jahre 1248 in Köln den Grundstein zu einem ebenbürtigen Dom in Deutschland legte, begann eine über 600-jährige Bauzeit, die niemand geahnt hatte. Nach dem Vorbild der Kathedrale von Amiens sollte ein Chor mit dreischiffigem Querhaus und fünfschiffigem Langhaus entstehen. Meister Gerard, der aus Amien kam, überwachte den Bau von 1248 bis 1271. Ihm folgte Meister Arnold bis gegen 1300 nach. Nach 74 Jahren konnte im Jahre 1322 endlich der Chor geweiht werden. Seine Pracht entsprach der Größe: 41 Meter Länge, 45 Meter Breite und 43 Meter Höhe sowie 17 Meter hohe Glasfenster.

Doch von nun an begann sich der Bau zu verzögern. Das Quer- und Langhaus blieben nach einigen Metern unvollendet und wurden provisorisch abgedeckt. Der Südturm ragte in 59 Metern wie abgebrochen an einer angefangenen Fassade. Ab 1560 ruhten die Arbeiten ganz. Jahrhundertelang streckte sich für die reiche und mächtige Stadt Köln ein unvollendetes Wahrzeichen in den Himmel. Für den Baustopp schien es mehrere Gründe zu geben: Einerseits waren die finanziellen Mittel ausgegangen und Kriege beherrschten das Geschehen. Zum anderen änderte sich der Geschmack, so dass die gotische Bauweise teilweise völlig aus der Mode kam und niemand so recht etwas mit der Bauruine anzufangen wusste.
Als im Jahre 1794 die Revolutionstruppen in Köln einzogen, flohen der Erzbischof und das Domkapitel. Der Dom wurde von den Truppen kurzerhand als Lager genutzt.
Erst 1801 konnte das Gotteshaus neu geweiht werden.

DIE VOLLENDUNG

Nachdem Goethe im Jahre 1815 das Erhabene der Gotik wieder anpries und sich auch persönlich für den Kölner Dom einsetzte, beschäftigten sich Kunstsammler, Minister und Architekten erneut mit dem Bauwerk. Friedrich Wilhelm IV., König von Preußen und damit auch König über Köln, erteilte den Auftrag, den Dom zu vollenden. Der nun einsetzende Aufbau zeichnete sich durch seine Detailarbeiten als herausragende Leistungen der spätromantischen Denkmalpflege und des Historismus aus. 1842 fand die Grundsteinlegung statt, 1862 wurde der Dachstuhl gesetzt, 1863 der Turmaufbau begonnen und am 15. Oktober 1880 konnte schließlich das Vollendungsfest gefeiert werden.

RESTAURIERUNGEN

Die langen Bau- und Ruhephasen brachten es mit sich, dass bereits zu jener Zeit am Dom restauriert werden musste. Nachdem 1944 Bomben auch Teile des Domes zerstörten und in jüngster Zeit die Umweltverschmutzung der Fassade zusetzt, hält die Instandhaltung auch heute an. Noch immer sind die Bauarbeiten nicht abgeschlossen. Umfangreiche Grabungen förderten Fundamente der älteren Anlage aus römischer, karolinger und romanischer Zeit zutage. Auch zwei Gräber von Mitgliedern der Merowinger Königsfamilie aus dem 6. Jahrhundert, die mit reichlich Schmuck und Waffen ausgestattet sind, befinden sich direkt unter dem Bauwerk.

KUNSTSCHÄTZE

Einer der kostbarsten Schreine der Christenheit, der Drei-Königs-Schrein, wurde im 12. Jahrhundert für die heiligen Reliquien aus Silber, Gold und Edelsteinen gearbeitet. Nach dem Zweiten Weltkrieg fand er seinen Platz in einer gläsernen Vitrine hinter dem Hochaltar. Doch noch weitere, unzählbare Schätze lagern im Dom: das älteste Monumentalkruzifix des Abendlandes, der Engelbertschrein, romantische, gotische und barocke Kreuze, Bischofsstäbe und kostbare Monstranzen. Wandmalereien, das Chorgestühl und die 14 Standbilder an den Pfeilern, die Jesus, Maria und die 12 Apostel zeigen, stammen wahrscheinlich aus der Zeit um 1322, als der Chor geweiht wurde.

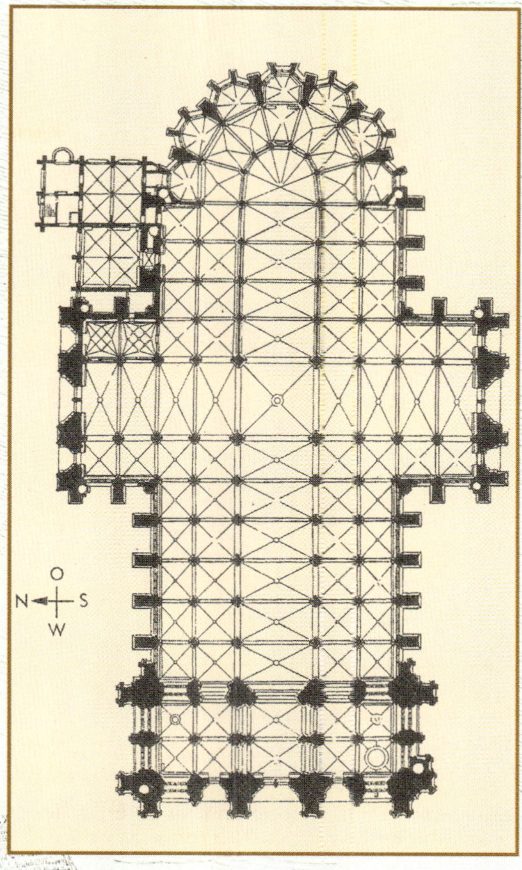

Der Chor und das dreischiffige Querhaus entstanden nach dem Vorbild der Kathedrale von Amiens, allerdings mit fünfschiffigem Langhaus, wie der nebenstehende Grundriss zeigt.

Der Kölner Dom, hier bei Nacht, wurde St. Peter und Maria geweiht und gilt als bedeutendes gotisches Kirchenbauunternehmen.

GEHEIMNISVOLLE INKASTADT: MACHU PICCHÚ

Bis Anfang des 20. Jahrhunderts blieb die Inkastadt Machu Picchú unentdeckt. Auf einer schmalen, hoch gelegenen Felsebene überlebte sie knapp vierzig Jahre den Niedergang des Inkareichs und blieb vor der Zerstörung durch die Konquistadoren verschont. Bis heute ranken sich Legenden um die Andenstadt. Lebte hier der letzte König der Inkas mit seinem Gefolge? Und weshalb wurde die Stadt schließlich doch verlassen? Fakten gibt es keine, allein auf Vermutungen stützt sich die Geschichte.

ALTER: unbekannt, vermutlich 15. Jahrhundert
ZWECK: Wohn- und Kultstätte der Inkas
GRÖSSE: 150 Häuser auf einem Bergsattel

AUF DEN BERG GESCHMIEDET

Als im Jahre 1911 der Archäologieprofessor Hiram Bingham von Cuzco aus die Berge Perus erkundete, bot sich ihm auf einem entlegenen Bergsattel ein märchenhafter Anblick. Von einem spitzen Gipfel überragt, lag vor ihm eine der geheimnisvollsten Städte des 15. Jahrhunderts. Terrassenförmig aneinander gebaut erstreckten sich Häuser, Paläste, ein Tempelbezirk und angrenzende Felder über das Felsplateau. Bingham nannte die verlassene und vom Dschungel überwucherte Inka-Festung Machu Picchú, „alter Gipfel".

KULTSTÄTTE UND WOHNORT

Das Straßensystem der Inkas bestand aus rund 40 000 Kilometern. Es verband alle Teile des Reiches miteinander. Über Serpentinen konnten selbst die entlegensten Städte erreicht werden – so auch Machu Picchú, wohin über Felsterrassen ein schmaler Weg

Über dem Urubambatal (rechts) erhebt sich die von Geheimnissen umwitterte Stadt Machu Picchú. Im 15. Jahrhundert lebten hier etwa zehntausend Menschen, die auf Terrassen Feldbau betrieben.

„Oh könnte ähnlich Vergleichbares von Alexander gesagt werden oder irgendeinem anderen großen König, der die Welt regierte, dass sie solche Straßen bauten."

Pedro de Cieza de León, spanischer Reisender, 1553

Die Entstehungszeit von Machu Picchú ist unbekannt. Spanier betraten die Inkastadt nie. Ihre Ruinen wurden erst 1911 entdeckt.

Baumeister und Ingenieure entwarfen Brücken, Häuser und Städte. Um sich vor Hungersnöten zu schützen, ließen die Herrscher große Magazine (rechts) errichten, in denen Millionen Tonnen von Getreide lagerten. Die extrem hohe Besteuerungsrate ermöglichte die soziale Sicherheit von Alten und Kranken.

von der Stadt Cuzco aus führt. In 650 Metern Höhe bauten die Ingenieure des Inkastaates etwa 150 Häuser aus Granit. Hier lebten ungefähr 10000 Menschen. In den Gräbern fanden sich etwa zehnmal mehr weibliche als männliche Skelette, was darauf schließen lässt, dass wohl vor allem Sonnenjungfrauen in Machu Picchú lebten und der Ort als Kultstätte diente.
Rätsel gibt auch der Sonnenstein im Tempelbezirk auf, der wahrscheinlich für astronomische Berechnungen errichtet wurde. Die Mauern, Terrassen, Paläste und Häuser bestehen aus exakt behauenen Granitquadern, die ohne Mörtel fest ineinander sitzen. Die Materialien stammen aus weit entfernten Gegenden, was verwirrend ist und Archäologen bis heute darüber debattieren lässt, wie und wann Machu Picchú eigentlich entstanden ist.

DER SONNENKULT

Das Inkareich zelebrierte den Sonnenkult. Das Hauptheiligtum verwaltete der Hohepriester, der Huillac Umu, ein Mitglied der Herrscherfamilie. Er durfte nicht heiraten, kein Fleisch essen und nur Wasser trinken. Ihm zur Seite standen zahlreiche Sonnenpriester, die aus hoch angesehenen Familien kamen. Um die Religion zu verbreiten, bekamen jede Provinzhauptstadt und neu eroberte Gebiete einen lokalen Sonnentempel. Religiöse Zeremonien für das Volk wie das Opfern von Tieren oder Nahrungsmitteln vollzogen die Priester jedoch meist auf öffentlichen Plätzen und nicht in den Tempeln. Erkrankte der Herrscher oder stand ein Kriegszug auf dem Plan, opferten die Priester auch Menschen, vor allem etwa zehnjährige Mädchen oder Jungen.
In den Klostergebäuden lebten die so genannten Sonnenjungfrauen, die Staatsdiener aus den schönsten Mädchen des Landes erwählten. Bis sie erwachsen waren, lernten sie in den Tempeln Kochen und Weben und später die sakralen Rituale zu zelebrieren. Dann mussten die Mädchen wählen. Diejenigen, die nicht keusch leben wollten, wurden hohen Würdenträgern als Nebenfrauen verliehen. Die Bräute des Sonnengottes verbrachten ihr Leben im Tempel dagegen in fast absoluter Reinheit. Denn allein der Inka durfte das Kloster betreten und gelegentlich aus ihren Reihen Nebenfrauen zur eigenen Freude wählen.

SONNENSÖHNE UND KASTEN

An der Spitze des Inkareiches stand der Sapa Inka, der angeblich leibhaftige Sohn der Sonne. Als Anführer der Herrscherklasse, einer kleinen, eher despotisch regierenden Fürstenfamilie, lagen die gesamte Macht und das Recht in seiner Hand. Das gemeine, freie Volk war in ein Kastensystem unterteilt. Verwandtschaftsgrade oder Örtlichkeiten fassten einzelne Menschengruppen in so genannte

Ohne Mörtel überdauerten die Steinmauern (links) die Jahrhunderte.
Die Mauern setzten sich, wie auch die Gebäude, aus exakt behauenen Steinquadern zusammen.

Die Nachfahren der Inkas, hier während eines Festes auf einer Schilfinsel im Titicaca-See (unten), sprechen noch heute deren Sprache, das Ketschua.

Ayllu zusammen. Sie galten als freie Menschen und waren meist männliche Bauern, die sich jedoch einer Reihe von Gesetzen und Verboten unterordnen mussten. Eines dieser Gebote war die Heirat des Mannes. Braut und Hochzeit bestimmte ein staatlicher Aufseher. Neben den relativ freien Menschen gab es auch unfreie Diener, die Yanaconas, die überall dort arbeiten mussten, wo sie hingeschickt wurden. Rebellen, unterworfene Stämme und unfrei Geborene bildeten die Schicht der Yanaconas. Eine weitere Bevölkerungsgruppe, die so genannten Mitmae, wurden als Besiedler in neu eroberte Gebiete innerhalb des riesigen Inkareichs eingesetzt. Sie waren den Sonnensöhnen loyal ergeben und setzten in den entlegensten Teilen deren Regeln und vor allem die Staatssprache durch, das Ketschua, das heute noch von vielen Indianerstämmen gesprochen wird.

AUFSTIEG UND FALL

Im Jahre 1200 wanderten die ersten Inkas als kriegerischer Stamm in der Gegend um Cuzco ein. 1476 unterwarfen die Inkas das dort ansässige Volk der Chimú und herrschten über ein Reich, das sich von Quito bis zum Titicacasee erstreckte. Die Inkas ließen die Infrastruktur ausbauen. Sie erweiterten das Straßennetz der Chimú durch die Fronarbeit der Bauern auf 40 000 Kilometer. Nun konnten Nachrichten, Güter und Heeresteile in die entlegensten Gebiete gesandt werden. Die Läufer der Inkas, die Chasquis, übermittelten an einem einzigen Tag eine Botschaft über etwa 400 Kilometer.
Fast 90 Jahre lang erblühte die Kultur der Inkas. Als der spanische Konquistador Pizarro auf die Inkas traf, befanden sie sich im Erbfolgestreit. Die beiden Brüder Huascar und Atahualpa stritten um die Regentschaft, die Atahualpa gewann. Pizarro nahm den Herrscher gefangen, plünderte und erpresste die Inkas, die ihre gewaltigen Goldschätze sammelten, um Atahualpa freizukaufen. Als Pizarro den Regenten trotzdem tötete, brach das Inkareich zusammen.

DIE VERBOTENE STADT IN PEKING

Über 500 Jahre lang bis 1911 regierten von diesen Mauern aus die Abkömmlinge der Dynastien als „Himmelssöhne" über das gewaltige Reich. In den Palästen lebten sie mit Ehefrauen, Konkubinen, Beamten und dem gesamten Kaiserlichen Hof, der zeitweise aus über 100 000 Menschen bestand. Der Kaiser besaß absolute Macht, befahl über Gefangene, die Armee oder das Land und konnte sogar Wochentage und Monate festlegen.

ALTER: zwischen 1406 und 1420 erbaut
ZWECK: Amts- und Privatpaläste des Kaisers
GRÖSSE: 100 Hektar Land, 6 Hauptpaläste sowie Nebenpaläste, Hallen und Pavillons mit insgesamt 9000 Räumen

Die verbotene Stadt in Peking durfte kein Fremder betreten. Die 9000 Räume waren allein dem Kaiser mit seinem Hofstaat vorbehalten. Die neun Hauptpaläste zeigt die Abbildung (rechts) aus dem 19. Jahrhundert.

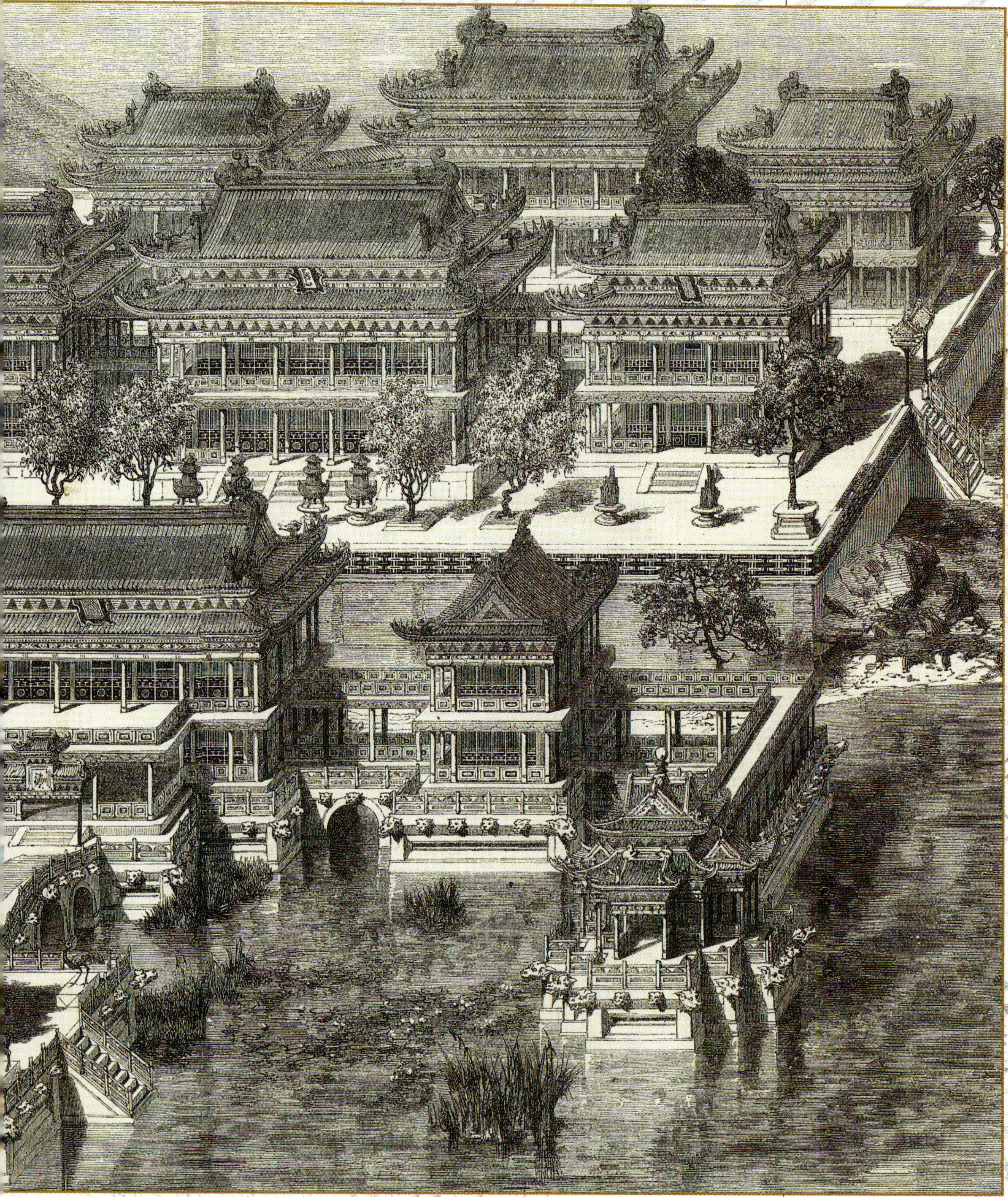

Den Palast der himmlischen Klarheit (ganz oben) verzieren wertvolle Schnitzarbeiten. Bronzene Löwen (oben) bewachen das Tor der Himmlischen Klarheit Quinanging Gong.

Astrologisch ausgerichtet

Seit ihrem Bau galt die Verbotene Stadt als geheimnisvoll. Kein gewöhnlicher Sterblicher durfte die geheiligten Hallen betreten. Der dritte Ming-Kaiser Yung Lo, einer der Himmelssöhne Chinas, ließ die Stadt zwischen 1406 und 1420 auf 100 Hektar Land errichten. Über eine Million Arbeiter und 100 000 Handwerker bauten in 14 Jahren eine Anlage, die auf astrologischen und geomantischen Prinzipien beruhte. Jedes Gebäude verdeutlichte einen Körperteil und lag an der Achse des Universums. Im Zentrum der Erde herrschte der Kaiser, führte alle vier Jahreszeiten und Himmelsrichtungen zusammen. Amts- und Privatpaläste waren streng geteilt. Die Anlage umfasste etwa 9000 Räume mit sechs Hauptpalästen, kleineren Palästen, Hallen und Pavillons. Eine 12 Meter hohe, rote Mauer schirmte die Palastanlage von der Außenwelt ab und verhalf ihr zum Zweitnamen: Purpurstadt.

Bis heute erhalten

Nach vielen Rekonstruktionen blieb die Verbotene Stadt in all ihrer Pracht bis heute erhalten – trotz der witterungsanfälligen Baustoffe Ziegel und Holz. Die geschwungenen Dächer stehen für Ästhetik, unter den Traufen prangen wertvolle Schnitzarbeiten. Jedes Bauelement der Paläste besitzt eine andere Farbe: weiß erstrahlen die Fundamente, Säulen und Wände leuchten purpurrot, das Dach glänzt in der goldenen Farbe, die dem Kaiser vorbehalten war. Die Dachfirste enden in Drachenfiguren, die ebenfalls als Symbole des Kaisers galten, da ihnen eine beschützende Wirkung zugesprochen wird. Zwischen den Hallen und Palästen erstrecken sich große Hofanlagen, die tausende Bedienstete fassen konnten. Reliefs, bronzene Löwen und pompöse Verzierungen schmücken Treppen, Böden und Sockel.

Die Halle der höchsten Harmonie

Das größte Gebäude der Verbotenen Stadt ist die Halle der höchsten Harmonie, in der der Thron des Kaisers stand. Sie liegt im Zentrum und nimmt über 2000 Quadratmeter ein. Zwanzig Säulen tragen das Dach in 35 Metern Höhe. Kein Gebäude der Stadt durfte höher sein. Hier hielt der Regent große, staatliche Anlässe und Zeremonien oder seinen eigenen Geburtstag ab.

„... wo Erde und Himmel aufeinander treffen,
wo sich die vier Jahreszeiten miteinander verschmelzen,
wo sich Regen und Wind versammeln
und wo Yin und Yang sich in Harmonie befinden."

Meng Tzu, konfuzianischer Gelehrter, 15. Jahrhundert

DAS HÖFISCHE LEBEN

Zeremonien bestimmten das Leben des Kaisers, seiner Familie, der Ehefrauen, Konkubinen, Eunuchen und Diener. Abgeschirmt von der Außenwelt lebten sie in den Palastmauern ein Leben im Überfluss und kamen selten mit ihren Untertanen in Berührung. Sie residierten autokratisch, wählten Beamte aus, inspizierten die Armee und erließen Gesetze. Nach dem Gesetz durfte der Kaiser mit drei Haupt- und sechs Nebenfrauen sowie 72 Konkubinen im Palast leben. Doch nicht jeder hielt sich an das Gesetz. Manchmal sorgten hunderte Konkubinen für das sexuelle Wohl des Regenten und zeugten mit ihm Nachfahren. Tausende Eunuchen, die meist von Strafkolonien rekrutiert und gewaltsam kastriert worden waren, kümmerten sich im Palast um die alltägliche Arbeit.

DAS ENDE DER KAISERZEIT

Ende des 19. Jahrhunderts erlangte in der verbotenen Stadt die Konkubine Cixi (Ts'eh-si) die Macht. Ihr fünfjähriger Sohn war der einzige Nachfahre des Kaisers, starb aber bereits mit 19 Jahren. 1889 riss sie noch einmal die Macht an sich und löste 1900 den Boxeraufstand aus, bei dem der fremdenfeindliche Geheimbund der Boxer ausländische Mächte und Vertretungen in China angriff. Als letzter Regent kam der zweijährige Pu Yi im Jahre 1909 an die Macht. Nachdem die revolutionäre Bewegung zunahm, wurde im Jahre 1911 die Republik ausgerufen. Der letzte Kaiser Chinas dankte 1912 ab. Bis dahin residierten 24 Kaiser in der Verbotenen Stadt. Der chinesische Staat verwandelte die einstmals geheime Palastanlage in eine üppige Touristenattraktion.

Die Halle der Wahrung der Harmonie (ganz oben) ist nach dem gleichen geomantischen Prinzip erbaut wie die gesamte Verbotene Stadt. Auf den Weg zur Halle schmückt ein Relief den Treppenaufgang (oben).

DER VATIKAN MIT DEM PETERSDOM

Bis vor wenigen Jahren war die Peterskirche in Rom die größte christliche Kirche der Welt. Italiens berühmteste Baumeister hatten sich im 16. Jahrhundert an der Errichtung beteiligt. Noch heute hält der Papst von hier aus die wichtigsten Messen des Jahres. Dann versammeln sich auf dem Vorplatz tausende Gläubige und Millionen Menschen in der Welt verfolgen die Zeremonien im Fernsehen.

„In Liebe zu Gott, zur heiligen Jungfrau und zu Sankt Peter."
Michelangelo, 1546

Der Grundriss der Peterskirche (unten) entspricht dem lateinischen Kreuz. Die Kuppel des Domes (rechte Seite) wurde von Michelangelo entworfen und gilt als architektonisches Meisterwerk.

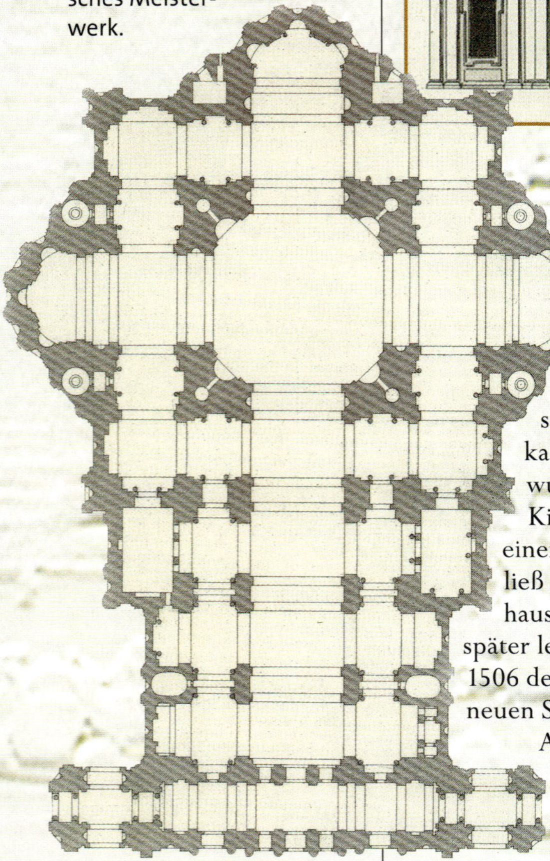

Um das Jahr 326 ließ Kaiser Konstantin über dem vermutlichen Grab des Apostels Petrus die erste Kirche mit dem Namen „Sankt Peter" errichten. Über eintausend Jahre lang versah die Basilika ihren Dienst und ihre Gestalt wurde zum Prototyp der meisten Kirchen. Erst Nikolaus V. plante einen Neubau des Gotteshauses und ließ 1452 bis 1466 ein neues Querhaus mit Chor erbauen. 50 Jahre später legte Papst Julius II. im Jahre 1506 den Grundstein für einen völlig neuen Sakralbau. Zwar plante der Architekt ein Gebäude in Form eines griechischen Kreuzes mit gleich langen Seiten, doch aus traditionellen Gründen einigten sich die Bauherren auf die Form des gewohnten lateinischen Kreuzes. Unter Raffael, Peruzzi und Sangallo ging der Bau nur schleppend voran. Ab 1546 stand Michelangelo als Bauleiter vor und entwarf eine Rippenkuppel in Anlehnung an das Pantheon, die erst der nachfolgende Bauleiter zwischen 1588 und 1590 in etwas schlankerer Ausführung vollendete. Nachdem 1614 auch das Langhaus fertig gestellt worden war, begann die innere Ausschmückung. Am 18. November 1626 konnte der Dom in seiner vollen Pracht endlich von Papst Urban VIII. geweiht werden. In ihren Ausmaßen schlug sie alle Rekorde: Eine 132 Meter hohe Kuppel krönt die Kirche, die eine Grundfläche von 22 000 Quadratmetern hat und tausenden Menschen Raum bietet. Vor dem Petersdom gestaltete der Architekt Bernini den mit mehreren Reihen von 284 toskanischen Säulen

ALTER: von 1506 bis 1626 erbaut
ZWECK: Römisch-katholische Kirche
GRÖSSE: 22 000 Quadratmeter, 132 Meter hohe Kuppel

Die Engelsburg, die sich am rechten Tiberufer an der Engelsbrücke befindet und bereits im Jahre 135 als Grabmal für Kaiser Hadrian gedacht war, diente den Päpsten als Festung. Ein Gang verbindet die Burg mit dem Vatikan.

bestückten Platz, in dessen Mitte sich der 25 Meter hohe Obelisk erhebt. Von einem Punkt in der Mitte aus gesehen stehen die Kolonnaden so genau hintereinander, als bestünden sie nur aus einer Reihe.
Bis Ende des 20. Jahrhunderts galt der Petersdom als die größte Kirche der Welt. Erst die gigantische Basilika „Unserer Lieben Frauen des Friedens" an der afrikanischen Elfenbeinküste beendete diese Ära.

Der Sitz des Papstes

Die Vatikanstadt liegt im Nordwesten Roms und gilt als kleinster Staat der Welt. Auf der Landesfläche von gerade einmal 440 Quadratmetern wohnen 830 Staatsbürger. Für den Papst, der hier sein Amt des obersten Geistlichen der katholischen Kirche ausübt, stehen für die Verwaltung etwa 3600 Angestellte bereit. Bereits seit dem vierten Jahrhundert residieren die Päpste an dieser Stelle. Der römische Kaiser Konstantin verhalf der katholischen Kirche damals zu Macht, indem er das Christentum zur Religion ausrief und den Lateranpalast, der sich noch heute innerhalb der Vatikanmauern befindet, dem christlichen Oberhaupt schenkte. Dort wohnten dann auch die Päpste bis ins 14. Jahrhundert. Später zogen sie in den Vatikan um, der ab dem 15. und 16. Jahrhundert weitläufig von den jeweiligen Päpsten umgebaut wurde. Sixtus IV. erstellte die Sixtinische Kapelle, Julius II. das Belvedere, Leo X. ließ die Stanzen und Loggien ausmalen, Sixtus V. ließ den heutigen Wohnpalast und die Bibliothek und Alexander VII. die Scala regia erbauen. Erst 1929 erhielt der Kirchenstaat mit den Lateranverträgen von Italien die Unabhängigkeit.

Die Vatikanische Bibliothek

Zu den bedeutendsten Bibliotheken mit etwa 60 000 Handschriften zählt die Biblioteca apostolica Vaticana, deren Ursprünge bis ins 6. Jahrhundert reichen. Als eigentlicher Gründer gilt deshalb auch Nikolaus V., der eine eigene Vatikanstadt plante und der Öffentlichkeit zugänglich machen wollte. Jedoch erst 1475 konnte sie offiziell eröffnet werden. Noch immer sollen hier geheimnisvolle Schriften lagern, in die Außenstehende des Vatikans nicht einsehen dürfen. Nur wenige Eingeweihte, so heißt es, kennen den Inhalt.

Vatikanische Sammlungen

Als unermesslich werden die Schätze bezeichnet, die in den gesamten Vatikanischen Sammlungen lagern. Bereits im 16. Jahrhundert entstand das erste Kunstkabinett. Wenig später folgte das Museo Profano, das zu den frühesten Museumsanlagen der Erde gehört. Heute beherbergen über 1000 Säle nicht nur die reichste Sammlung christlicher Archäologie, sondern auch eine große Antikensammlung, Grabungsfunde, etruskische und ägyptische Bestände, eine eigene

Die Gebäude des Vatikans (links unten) wurden zwischen dem 14. und 16. Jahrhundert errichtet. Es würde Monate dauern, die gesamten Vatikanischen Sammlungen (links) zu besichtigen.

In der Peterskirche fällt das Licht von der Kuppel aus auf den Altar (unten).

Pinakothek mit der päpstlichen Gemäldegalerie, Museen mit Missions- und Völkerkunde, ein historisches Museum und tausende Geschenke katholischer Christen an den Papst.

Der Papst – Oberhaupt der Kirche

In der katholischen Religion nimmt der Bischof von Rom das Amt des Papstes und damit des Oberhaupts der katholischen Kirche ein. Er gilt als traditioneller Nachfolger des Petrus, den Christus nach katholischer Festlegung an seiner Stelle als Haupt der christlichen Kirche einsetzte. Der Papst ist Träger der gesamtkirchlichen Vollmacht und entscheidet über alle Fragen des Glaubens, der Sitte, der Leitung und Ordnung des kirchlichen Systems. Ihm stehen die Kardinäle, die Römische Kurie, die päpstlichen Legaten, das Bischofskollegium und die Bischofssynode zur Seite. Bestimmt wird der Kirchenführer durch die Kardinäle in geheimer Wahl in Konklave. Wählbar ist dabei jeder Katholik, auch ein Laie.

DER PALAST DES LICHTS IN LHASA

Über der Stadt Lhasa wohnte im „Palast des Lichts" der religiöse und weltliche Führer des alten Tibet, der Dalai Lama. 1000 Räume dienten dem Gottkönig als Residenz und Verwaltungstrakt. Zehntausend Altäre luden zur Andacht ein. Doch kein Fremder durfte – unter Androhung der Todesstrafe – die klösterliche Festung betreten. Heute ziehen mehr Touristen als Gläubige durch die Hallen, denn die chinesischen Besatzer fungierten das Heiligtum kurzerhand in ein gigantisches Museum um.

Der Potala in Lhasa (rechts) war auch die Residenz des letzten Dalai Lama. Bis zu seiner Vertreibung durch die chinesische Regierung lebten hier die geistlichen Führer der Tibeter.

LHASA – DER SITZ DER GÖTTER

Bis in das 20. Jahrhundert war die 3680 Meter hoch gelegene Hauptstadt Tibets schwer zu erreichen. Fernab jeglicher Verkehrsverbindungen durften Fremde den „Sitz der Götter" nicht betreten. Hier befindet sich das Heiligste aller Klöster, das Jokhang. In diesem „Haus des Herrn" steht die Statue des Königs Srongtsan Gampo, der den Buddhismus in Tibet im 7. Jahrhundert einführte. Der „Palast des Lichts", der Potala, diente dem Dalai Lama als klösterliche Residenz, Regierungssitz und Verwaltungsgebäude. Nach der Okkupation Tibets durch China verließ der letzte Dalai Lama 1959 den Potala. Lhasa mit seinen 343 000 Einwohnern ist heute die Hauptstadt der autonomen und trotzdem unterdrückten Provinz Tibet.

ALTER: erstes Schloss stammt aus dem 7. Jahrhundert, heutige Form im 17. Jahrhundert erbaut
ZWECK: Sitz des Dalai Lama
GRÖSSE: 13 Stockwerke, 1000 Räume, 15 000 Säulen, 20 000 Götterfiguren, 10 000 Schreine

DER POTALA

Bereits im 7. Jahrhundert entstand das buddhistische Königreich Tibet, zu dessen beherrschender Religion ab dem 11. Jahrhundert der Lamaismus aufstieg. Im 17. Jahrhundert übte der fünfte Dalai Lama Lobsang Gyatso (1617-1682) erstmals das Amt des reli-

„Om Mani Padme Hum – Heil Dir, Du Juwel in der Lotusblüte."

Tibetische Gebetsformel

giösen und weltlichen Herrschers aus. Dafür ließ er auf dem Berg Marpori und den Resten des Schlosses von König Songtsen Gampo den Potala als eine Art Festung errichten. Auf Eseln und von Menschen wurden Erde, Steine und Holz herbeigeschafft. Nach der Fertigstellung erstreckten sich über 13 Stockwerke etwa 1000 Räume, die von 15 000 Säulen getragen werden. Butterlämpchen beleuchteten etwa 20 000 Götterfiguren an 10 000 Schreinen. Die zahlreichen Fenster und der blendend weiße Anstrich lassen den Palast noch heute von weitem leuchten. Nach oben sich verjüngende Mauern und Türme bringen ihn zumindest optisch dem Himmel nahe. In den wenigen dunkelrot gestrichenen Abschnitten, im „Roten Palast“, residierte der Dalai Lama über die Jahrhunderte. Bis vor 50 Jahren durfte kein Fremder unter Gefahr der Todesstrafe den Palast betreten. Die Chinesen wandelten das Anwesen in ein Museum um. Tausende von Touristen besuchen nun jedes Jahr den heiligen Sitz des ehemaligen Herrschers.

LAMAISMUS

Aus den ursprünglichen Lehren des Buddhismus und dem vorhandenen lokalen Dämo-

Im Lamaismus besitzen Schriftzeichen (oben), Dämonen und Schutzfiguren große Kräfte und werden zur Ausschmückung der Räume, aber auch von Schriftrollen verwendet, um Eintretende zu segnen und zu beschützen.
Auf dem Dach des Potala befinden sich die vergoldeten Dächer (rechts) und runden Tschorten, die Grabmäler der verstorbenen Dalai Lamas.

nenglauben entwickelte sich der für Tibet typische Lamaismus. Auf der Grundlage des philosophischen Weltbilds der Madhyamikas entstand die Anschauung, dass die äußere Welt allein Illusion ist und nur ein Aspekt der unfassbaren Lehre. Der ausgesprochenen Mönchsreligion gehören nur Lamas, aber keine Laien an. Diese umschreiten nur die Heiligtümer, verehren die Reliquien und dürfen die Gebetsmühlen in Gang setzen. Prunkvoller Kult, allgegenwärtiger Dämonen- und Zauberglaube gehören zum Lamaismus ebenso wie die Meditation. An der Spitze des Pantheons stehen die drei Götter Awalokiteshvara, Manjushri und Vadjrapani. Auch die weibliche Gottheit Bodhisattva Tara wird stark verehrt.
Die obersten Priester der Religion gelten als irdische Erscheinungsformen der Buddhas und Bodhisattvas, bei deren Tod sich das Überirdische auf ein neugeborenes Kind überträgt.

Der letzte Dalai Lama

Das politische und – neben dem Panchen Rinpoche – auch religiöse Oberhaupt des tibetischen Lamaismus ist der Dalai Lama, der „Ozean des Wissens". Er gilt als die Verkörperung des Bodhisattva Awalokiteshvara, der sich nach dem Tod des Dalai Lama an einem Knaben offenbart, der zur gleichen Zeit zur Welt kommt und bestimmte körperliche Merkmale besitzt. Der gegenwärtige 14. Dalai Lama wurde 1935 geboren und aufgrund der beginnenden Bedrohung durch die chinesische Besatzung bereits 1940 inthronisiert. Als schließlich China in Tibet einfiel, wurden tausende Tibeter ermordet, hunderte Klöster geplündert und verwüstet. Nach der Okkupation floh der Dalai Lama 1959 nach Indien, wo er in Dharmasala im Asyl lebt. Für seinen ungebrochenen und friedlichen Kampf um die Unabhängigkeit seines Landes erhielt er im Jahre 1989 den Friedensnobelpreis.

Die Tibeter

Etwa 5 Millionen Menschen gehören zum Volk der Tibeter, sprechen die tibetische Sprache und zelebrieren den Lamaismus. Anthropologisch können zwei Gruppen unterschieden werden, die im Norden lebenden Nomaden, die in schwarzen Zelten aus Yakhaar leben, und die Mongoliden in Zentral- und Westtibet, die mehrgeschossige Steinbauten mit Flachdach bauen. Männliche Tibeter tragen traditionell einen Rockmantel, weibliche einen Mantelrock, bunte Blusen und gestreifte Schürzen. Ihr Hauptnahrungsmittel, der Tsampa, besteht aus gerösteter Gerste, die mit Butter und gesalzenem Tee zum Brei vermischt wird. Tibetische Mönche sind an ihren safrangelben bis roten Gewändern zu erkennen, Lamas an den spitzen Mützen.

Gebetsfahnen (oben) tragen die Wünsche der Gläubigen bei jedem Windstoß zum Himmel. Im Hintergrund thront der Potala über Lhasa.

ALTER: 1632-1653 erbaut
ZWECK: Grabmal für Mumtaz-i-Mahal
GRÖSSE: 56,7 Meter Seitenlänge, 72 Meter hohe Kuppel, 14 Hektar Ziergarten

Die Architektur der Mogulnzeit spiegelt der majestätische Tadsch Mahal wider. Nachfolgende Mausoleen in Indien zeigen die gleiche Aufteilung: eine große, zwiebelförmige Kuppel, symmetrische Wasserkanäle und eine vierseitige Gartenanlage.

INDISCHE PERLMOSCHEE: DER TADSCH MAHAL

Mit Kuppeln und Türmchen aus weißem Marmor, filigraner Malerei und silbernem Eingangstor erhebt sich inmitten eines riesigen persischen Ziergartens ein Grabmal, das heute für die indische märchenhafte Baukunst in der Welt steht.
Als Zeugnis großen Schmerzes soll es der indische Kaiser Shaj Jahan von zwanzigtausend Arbeitern in 22 Jahren erbaut haben lassen, nachdem seine Lieblingsfrau im Kindbett gestorben war.

ZEUGNIS DER LIEBE

Noch als Prinz heiratete der spätere Mogulherrscher Shaj Jahan die erst 15-jährige Arjumand Banu Baygam, die aufgrund ihrer sagenhaften Schönheit den Namen Mumtaz-i-Mahal, „Perle und Auserwählte des Palastes", bekam. Als Lieblingsfrau des Königs, der über einen großen Harem verfügte, saß sie neben ihm, begleitete ihn auf Reisen und ins Gefecht und soll ihren Gemahl sogar in Staatsangelegenheiten beraten haben. Acht Söhne und sechs Töchter brachte Mumtaz-i-Mahal zur Welt, beim 14 Kind starb die 36-Jährige noch im Kindbett. Über den Kummer des Kaisers ranken sich viele Legenden. So sollen die Haare Shaj Jahans über Nacht ihre Farbe verloren haben und schlohweiß geworden sein. Er ordnete eine zweijährige Staatstrauer an, in der weder Feste gefeiert noch Musik gehört werden durften. Auch das Tragen von Schmuck und Parfüm war verboten. Zum steinernen Ausdruck seines Schmerzes wollte er ein Grabmal über der Verbrennungsstätte erbauen. Nach dem Namen seiner Lieblingsfrau nannte er das Grabmal Tadsch Mahal, was Perlmoschee oder „Krone des Palastes" bedeutet. 1632 begannen die Bauarbeiten am Ufer des Flusses Yamuna in der nordindischen Stadt Agra. Nach dem Willen des Herrschers sollte nichts in der Welt mit der Pracht des Bauwerks vergleichbar sein.

„Die Erinnerung ist das einzige Paradies,
woraus wir nicht vertrieben werden können."
Jean Paul

Am Ufer des Flusses Yamuna erhebt sich der Tadsch Mahal (oben, Abb. 19. Jahrhundert) aus weißem Marmor. Auf der gegenüberliegenden Seite des Flusses wollte sich Shaj Jahan das Ebenbild aus schwarzem Marmor bauen lassen.

MARMOR UND GOLD

Seit etwa 350 Jahren erhebt sich der Tadsch Mahal als steinernes Zeugnis großer Liebe, wirkt durch seine fehlende Schwere aber eher wie ein Palast aus Tausendundeiner Nacht als eine Begräbnisstätte. Jedes Detail des Baus, den ein venezianischer und ein französischer Baumeister unterstützt haben sollen, scheint filigran und leicht. Die riesige, 72 Meter hohe und trotzdem sanft geschwungene Kuppel erinnert an eine gefasste Perle und soll die Weiblichkeit und den Himmel symbolisieren. Das rechteckige Gebäude mit der Seitenlänge von 56,7 Metern fängt die vier weiteren, typisch indischen Kuppeln in seinen Nischen auf und repräsentiert die Erde. Im Stile der indischen Mogulnherrscher entspricht das gesamte Bauwerk äußerlich einer Moschee. Die vier Außenfassaden, die sich völlig gleichen, durchbricht ein 33 Meter hoher Eingangsbogen. Vier Minarette setzen die strenge Symmetrie fort, ebenso der 14 Hektar große, persische Ziergarten. Stille Kanäle und Wasserbecken führen zum Tadsch Mahal, spiegeln den märchenhaften Bau wider und fangen die reichlich verzierte Architektur ein.

Das Gebäude selbst wurde aus weißem Marmor erbaut, der aus einem 300 Kilometer entfernten Steinbruch herbeigeschafft werden musste. Tausende Edelsteine und Halbedelsteine bilden neben schwarzem Marmor ausgiebige Blütenornamentik und Verse aus dem Koran.

Um Plünderungen zu vermeiden, verwandte Shaj Jahan einen Trick: Er ließ zwei Grabkammern bauen. In der falschen Grabkammer, die direkt unter der Kuppel liegt, ließ er ein Kenotaph, einen leeren Sarg, aufstellen. Die richtige Grabkammer unter der Erde beherbergt den mit Diamanten, Granaten, Türkisen, Saphiren und Onyxen besetzten Sarkophag seiner Gattin. Shaj Jahan wurde neben ihr beigesetzt. Zwar blieben die unmittelbaren Grabstellen unberührt, doch das Bauwerk selbst fiel verschiedenen Plünderungen zum Opfer. Die Silbertüren verschwanden, das goldene Geländer und zahlreiche Edelsteine wurden herausgebrochen. Statt der mit hunderten Silbernägeln verzierten silbernen Tür, die den Eintritt ins Paradies verhieß, verschließt nun eine Messingtür den Eingang.

SCHWARZ UND WEISS

Der Legende nach wollte sich Shaj Jahan auf der anderen Seite des Flusses Yamuna ein Grabmal aus schwarzem Marmor als Gegenstück errichten. Doch sein Sohn übernahm 1658 die Macht, setzte seinen Vater unter Arrest und verhinderte den verschwenderischen Bau. Neun Jahre verbrachte Shaj Jahan im Fort von Agra, bis er starb. Zum Trost blieb ihm von seinem Gewahrsam aus der Blick auf den Tadsch Mahal.

Typisch für den Tadsch Mahal ist die Flächendekoration (links). Edelsteine und Halbedelsteine bilden neben schwarzem Marmor ausgiebige Blütenornamentik (unten), und Verse aus dem Koran verzieren die Torbögen und Nischen. Eine figurale Darstellung war in der islamischen Kunst verboten.

Das Licht in der Morgendämmerung verleiht dem Grabmal (links) einen mystischen Charakter.

Symbol der Freiheit in New York

Als Geschenk französischer Demokraten an das amerikanische Volk überquerte die Freiheitsstatue Ende 1885 zerlegt und in Kisten verpackt den Ozean. Seitdem die Figur die Fackel der Freiheit im Hafen von New York in den Himmel hält, avancierte sie zum Symbol Amerikas. Für Millionen Einwanderer aus Europa war sie der erste Anblick des ersehnten Landes, das ihnen ein neues Leben verhieß.

Alter: 1886 fertig gestellt
Zweck: Statue der Freiheit im New Yorker Hafen
Grösse: insgesamt 93 Meter, Statue 46 Meter, Sockel 47 Meter, 205 Tonnen Gesamtgewicht

210 Lattenkisten brachten die Freiheitsstatue nach Amerika. Seit sie zusammengebaut im Hafen von New York steht, hält sie das Licht der Fortschritts und der Freiheit hoch. Ihre sieben Spitzen der Krone stehen für die sieben Kontinente und Meere. In der Hand hält die Statue eine 7,2 Meter hohe Tafel, auf der mit römischen Ziffern der Unabhängigkeitstag der Vereinten Staaten steht: 4. Juli 1776. Zu ihren Füßen liegen die gesprengten Fesseln der Tyrannei. Auf den beiden Wendeltreppen im Inneren gelangen die Besucher zur Aussichtsplattform in der Krone. 30 Menschen haben hier Platz und können einen atemberaubenden Blick auf die Stadt genießen. Als Symbol der Freiheit sahen auch die Einwanderer aus Europa die Statue. Ab 1892 passierten Millionen Deutsche, Iren, Italiener und Osteuropäer auf ihren Schiffen den New Yorker Hafen. Etwa 2000 Menschen pro Tag wurden auf der Nachbarinsel Ellis Island abgefertigt, von wo aus sie die Freiheitsstatue immer im Blick hatten.

Geschenk an Amerika

Die Idee stammte nicht von einem Amerikaner, sondern von dem französischen Politiker Edouard de Laboulaye. Er machte 1865 den Vorschlag, eine Statue zum hundertsten Geburtstag der Vereinigten Staaten aufzustellen, die in Frankreich gebaut werden sollte. So könnte das europäische Land Amerika seine Freundschaft zur Zeit der amerikanischen Revolution zeigen. Zum Kreis der Demokraten, die sich auch in Frankreich für eine Republik einsetz-

Die Freiheitsstatue hält das Licht der Freiheit in 93 Metern Höhe. In ihrer Krone befindet sich eine Aussichtsplattform.

„Groß wie die Idee, die sie verkörpert, ausstrahlend über beide Welten."
Frédéric Auguste Bartholdi, Bildhauer, 1886

Noch im 19. Jahrhundert überragte die Statue den Hafen. Die Halbinsel Manhattan im Hintergrund trägt noch keine Wolkenkratzer, doch die Brooklyn-Bridge steht schon. Rechts ist die Einwandererinsel Ellis Island zu sehen.

Im Sockel der Freiheitsstatue (rechts) befindet sich ein Museum über die Einwanderungsgeschichte Amerikas. Beginnend mit den Indianern, die über Asien nach Amerika kamen, über die Westafrikaner, die als Sklaven verschleppt wurden, bis hin zur großen Einwanderungswelle um 1900 werden die geschichtlichen Abläufe mit modernen audiovisuellen Mitteln beschrieben.

Weit vor Manhattan ist Liberty Island mit der Freiheitsstatue (rechts unten) zu erkennen. Heute überragen die Wolkenkratzer die Statue um ein Vielfaches.

ten, gehörte auch Frédéric Auguste Bartholdi. Der junger Elsässer Bildhauer war von der Idee begeistert. Er fuhr nach New York und fand den richtigen Platz auf einer kleinen Insel in der Upper New York Bay. Zurück in Frankreich fertigte er sogleich das erste Modell: eine Frauenfigur mit Fackel. Inspiriert hatte ihn dazu ein Bild des Malers Delacroix, auf dem die Freiheit das Volk auf die Barrikaden führt. Den Bau der Statue wollte die Französisch-amerikanische Gesellschaft finanzieren, den Sockel dagegen amerikanische Geldgeber. Da die Statue über den Ozean verschifft werden musste, sollte sie aus getriebenen Kupferblechen erstellt und auf ein Eisengerüst montiert werden. Als Spezialist für Eisenkonstruktionen konnte der Bildhauer den berühmten Gustave Eiffel gewinnen, der wenig später den nach ihm benannten Turm konstruieren sollte. Eiffel entwickelte ein Gerüst aus Eisen, das im Sockel verankert wurde und aus fachwerkartigen Querverstrebungen besteht. An diesem Rippengerüst sind weitere Verstrebungen befestigt, die der äußeren Form der Freiheitsstatue entsprechen und die Außenhaut tragen. Für die 300 Kupferplatten wurden zunächst Gipsmodelle gegossen mit einem Holzmodell, an dem schließlich die etwa 2 Millimeter starken Bleche gehämmert wurden. Nietlöcher an den überlappenden Rändern dienten dem stabilen Zusammenbau.

Über den Ozean

1885 konnten die Einzelteile zerlegt und in Holzkisten verpackt über den Ozean nach New York verschifft werden. Hier lagerten sie 15 Monate, ehe die Statue auf das gewaltige Fundament montiert wurde. Der amerikanische Architekt Morris Hunt hatte den Sockel mit rund 27 Metern Höhe und einem 19,5 Meter hohen Unterbau entworfen. 1886 wurde die 46 Meter hohe und 205 Tonnen schwere Freiheitsstatue schließlich errichtet. Am 28. Oktober 1886 weihte Präsident Grover Cleveland die Freiheitsstatue auf Liberty Island mit 28 Kanonenschüssen ein.

Eine neue Flamme

Aufgrund der korrodierten Kupferplatten mit den Eisenstäben verlor die Freiheitsstatue zunehmend an Standfestigkeit. Von 1982 bis 1986 wurden die Eisenstäbe durch rostfreien Stahl ersetzt und die Flamme nach dem Original des Bildhauers Bartholdi ersetzt.

In ihrer Hand hält die Statue eine sieben Meter große Tafel mit dem Datum 4. Juli 1776, dem Tag der amerikanischen Unabhängigkeit. Die gesamte Statue gilt als Symbol der Freiheit – und großer Touristenmagnet.

EINSCHNITT IN DEN AMERIKANISCHEN KONTINENT

Der Panamakanal gilt bis heute als das größte und teuerste Bauprojekt aller Zeiten. Zwei Weltmeere sollten miteinander verbunden werden: der Atlantik und der Pazifik. Von der Konzeption des Kanals bis zur Vollendung vergingen mehr als vierzig Jahre. Zwischen 1881 und 1914 arbeiteten an der künstlichen Wasserstraße zehntausende Männer, von denen viele ihr Leben verloren. Aber neben der Verbindung der Weltmeere und den zahlreichen technischen und medizinischen Neuerungen entstand auch neues Land: Panama.

ALTER: zwischen 1881 und 1914 erbaut
ZWECK: Verbindung zweier Weltmeere
GRÖSSE: 81,6 Kilometer lang

FRANKREICH BEGINNT ...

Ende des 19. Jahrhunderts dauerte die Reise von New York nach San Francisco per Schiff etwa einen Monat. Damals mussten das Kap Horn umsegelt und 13 000 Meilen zurückgelegt werden. Die amerikanische Regierung suchte nach einem kürzeren Weg und studierte den Isthmus von Darien, die Landenge zwischen Nord- und Südamerika, nach einem geeigneten Platz für einen künstlichen Kanal.

Schleusen waren die einzige Möglichkeit, die Schiffe auf die 82 Meter hohe Wasserscheide zu bringen. Dafür wurden die dreistufige Doppelschleuse von Gatun auf der atlantischen Seite und die einstufige Doppelschleuse von Pedro Miguel sowie die zweistufige Doppelschleuse von Miraflores auf pazifischer Seite gebaut.
Die Systeme funktionieren präzise wie ein Uhrwerk (rechts Querschnitt, Darstellung 19. Jahrhundert).

Die Planer in New York stellten sich den Bau leicht vor: Ein Kanal von Colón nach Panama City sowie längs der Flüsse Chagres und Rio Grande auf Meereshöhe sollte die Meere ohne große Probleme verbinden. Doch auch Frankreich hatte Interesse an einem Kanal in Übersee und erwarb die Baukonzession über große Strecken des Landes. An die Spitze der Baugesellschaft, die durch französische Geldgeber das Projekt durchführen wollte, trat der Erbauer des Suezkanals, Ferdinand de Lesseps. Er führte neun Jahre lang die Bauarbeiten. Doch das Ergebnis war niederschmetternd: Von 1880 bis zum Bankrott 1889 stellte die Baugesellschaft gerade 19 Kilometer Kanal fertig und verbrauchte dafür 287 Millionen Dollar. 20 000 Männer waren bei den Arbeiten zugrunde gegangen, denn der Landstrich erwies sich als heimtückisch: Moskitoplagen, keine Kanalisation und unzureichende medizinische Versorgung führten dazu, dass sich Cholera, Gelbfieber und Malaria unter den Arbeitern ausbreiteten.
Nach dem Konkurs wurde die französische Baugesellschaft der Bestechung und Verschwendung bezichtigt. Der Eklat weitete sich so weit aus, dass die französische Regierung zurücktreten musste und Frankreich das gesamte Kanal-Projekt aufgab.

... AMERIKA ÜBERNIMMT

Zur Jahrhundertwende begannen die Vereinigten Staaten neue Verhandlungen mit

„Der wirkliche Erbauer des Panama-Kanals war Theodore Roosevelt."
George Goethals, Bauleiter

Künstlich aufgestaute Seen versorgen die Schleusen mit Wasser. Das einströmende Wasser (links, Darstellung aus dem 19. Jahrhundert) hebt das Schiff an. Im Schleusensystem dürfen sich die Schiffe nicht selbst antreiben, sondern werden von Loks gezogen, die auf Dämmen fahren (unten).

Kolumbien, zu dem Panama damals gehörte. Doch die Regierung von Kolumbien ging nicht auf die Vorschläge ein, wohl aber eine kleine Gruppe von Panamesern, die sich als Vertreter des neuen Staates Panama sahen. Die USA erkannte über Nacht den neuen Staat an, denn dies brachte ihr einen Vertrag, in dem der amerikanische Präsident Roosevelt die Erlaubnis erhielt, für zehn Millionen Dollar und jährliche Zahlungen über 250 000 Dollar dort einen Kanal zu graben.

Schwierige Bedingungen

Die amerikanischen Ingenieure legten einen Plan vor, der die Kanalanlage nicht in Meereshöhe vorsah. Den Höhenunterschied zwischen See und Kanal sollten verschiedene Schleusen ausgleichen, die damit die Baukosten enorm senken würden.
Doch trotz vereinfachter Pläne zog sich allein der Abschnitt zwischen Bas Obispo und Pedro Miguel, der so genannte Einschnitt von Culebra-Gaillard, über sieben Jahre hin. 6000 Arbeiter verbrauchten 27 Millionen Kilogramm Dynamit, um einen 204 Meter breiten Einschnitt freizusprengen. Dabei gaben der Untergrund und die Wände immer wieder nach, so dass der Kanal schließlich auf eine Breite von 550 Meter anwuchs.
Zwei Bauleiter leisteten beim gesamten Kanalbau Außergewöhnliches. Von 1905 bis 1907 trieb John Frank Stevens die Bauarbeiten voran und ließ ein Kühlhaus für Lebensmittel sowie Wohnanlagen für die Familien der Arbeiter errichten. Sein Nachfolger, George Washington Goethals, erreichte mit zähem Ehrgeiz die Vollendung der künstlichen Wasserstraße.
Am 7. Januar 1914 konnte das erste Schiff den neuen Kanal passieren und am 15. August 1914 wurde der Panamakanal eröffnet. Bereits in der ersten Zeit fuhren 5000 Schiffe pro Jahr durch den berühmtesten Einschnitt Amerikas. Heute passieren etwa 150 000 Schiffe pro Jahr den Panamakanal.

Die Schleusensysteme

Um den Höhenunterschied zwischen dem Meer und der mittleren Kanalzone auszugleichen, wurden zu beiden Seiten des Kanals gigantische Schleusenreihen erbaut. Vier Jahre feilten die Ingenieure und Hilfskräfte an den Einrichtungen, die präzise wie ein Uhrwerk arbeiten müssen. Auf dem 4 bis 6 Meter starken Boden stehen 15 Meter dicke Wände aus Beton, die sich nach oben auf 2,50 Meter verjüngen und in denen sich die Zu- und Abflüsse befinden. Durch Löcher im Schleusenboden strömt gleichmäßig das Wasser in die Kammern und hebt das Schiff langsam an. Die riesigen Stahltore am Ende der Schleuse können nur von einer einzigen Person bedient werden, der richtige Ablauf ist einprogrammiert. Um Defekte und Havarien zu vermeiden, dürfen die Schiffe auch nicht mit eigenem Antrieb in die Schleuse fahren, sondern werden von speziellen Lokomotiven geschleppt, die entlang der Schleusen auf Gleisen fahren.

Moskitoplage und Krankheiten

Malaria und Gelbfieber waren die Hauptfeinde des Kanalbaus. Die Infektionskrankheiten, die bestimmte Moskitoarten übertrugen, breiteten sich unter den Arbeitern aus, die zu Tausenden daran starben. Als der Infektionsspezialist Dr. William C. Gorgas die medizinische Leitung übernahm, schuf er die Voraussetzung für das Gelingen des Großprojekts. Indem Gorcas die Moskitoart Stegomyia fasciata bekämpfte, rottete er innerhalb von 18 Monaten das Gelbfieber aus. Auch die Anophelesmücke, die für Malaria verantwortlich ist, dezimierte er nachhaltig und bekam dadurch die Malariabekämpfung in den Griff. Er verbesserte in ganz Panama das sanitäre System, die Kanalisation und die Krankenhäuser.

Der Einschnitt in den amerikanischen Kontinent (linke Seite) gestaltete sich als schwierig. Allein sieben Jahre und 27 Millionen Kilogramm Dynamit kostete der Abschnitt von Culebra-Gaillard. Zuvor hatten hunderte Menschen ihr Leben gelassen. Die Moskitoepidemien in den Sümpfen, gewaltige Erdrutsche und schwierige Lebensbedingungen setzten den Arbeitern zu und verzögerten die Fertigstellung.
Kleine Schlepper ziehen die Ozeanriesen in die Schleuse (unten).

ALTER: 1887-1889 erbaut
ZWECK: Turm für die Weltausstellung zum Gedenken an die französische Revolution
GRÖSSE: 301,70 Meter hoch

EISERNE DAME VON PARIS: DER EIFFELTURM

Zum hundertjährigen Gedenken an die Revolution in Frankreich errichtete sich Paris sein besonderes Wahrzeichen. Zwei Jahre dauerte die Bauzeit, dann konnte Ende März 1889 der Eiffelturm eingeweiht werden. Sein Konstrukteur Gustave Eiffel hatte mit 50 Ingenieuren eine Stahlkonstruktion gefertigt, die aus 16 000 Einzelteilen und über 2 Millionen Nieten bestand. Mit dem Turm erreichte Eiffel außerdem ein lang ersehntes Ziel: Er baute mit dem 301,70 Meter hohen Wahrzeichen zu dieser Zeit das höchste Gebäude der Welt.

EIN WAHRZEICHEN ENTSTEHT

Als die Weltausstellung in Paris stattfinden sollte, traf sie genau mit den 100-jährigen Feierlichkeiten zur französischen Revolution zusammen. Grund genug, ein besonderes Bauwerk in Paris aufzustellen. Der berühmte Stahlbaumeister Gustave Eiffel legte einen Plan vor, der auf Entwürfe Koechlins zurückging. Eine schlanke Eisenkonstruktion sollte sich wie ein Finger in den Himmel erheben – mitten im Zentrum der französischen Hauptstadt.

Im Januar 1887 begann der Bau des damals größten Turms der Welt. Die Grundfläche betrug 125 Meter Länge. Ein Fundament aus Beton bildete die Grundlage, auf dem die vier Pfeiler gesetzt wurden. Aufgrund der zeitlichen Beschränkung musste sich Eiffel einen Trick einfallen lassen: Sämtliche Teile des schmiedeeisernen Turms wurden vorge-

Bereits nach wenigen Monaten konnten die Füße und die untere Plattform (zeitgenössische Darstellung) zusammengebaut werden. Die Rundbögen kamen später hinzu und besitzen eine rein ästhetische Bedeutung.

„Ruhm dem Industriegiganten, der diese Treppe zum Himmel schuf.“

„Le Figaro“, März 1889

Bei Nacht erleuchten hunderte Glühlampen den Eiffelturm. Jede Stunde strahlen zusätzlich kleine Lämpchen für zehn Minuten nacheinander auf und lassen den Stahlkoloss regelrecht funkeln.

Der Konstrukteur Alexandre Gustave Eiffel ging mit dem Eiffelturm in die Geschichte der Architektur ein. Eiffel wurde 1832 in Dijon geboren, studierte Chemie und arbeitete in einem Pariser Eisenbahnwerk. Der Ingenieurberuf faszinierte ihn mehr als die Chemie und er widmete sich ihm hauptberuflich. Bereits 1857 konstruierte er eine seiner typischen Brücken, die ihn in ganz Europa bekannt machten. Aufträge in aller Welt folgten. Eiffel baute Brücken, Hallen und Fabriken auf fast allen Kontinenten und wurde als „Ingenieur des Universums" verehrt. Zur Pariser Weltausstellung entwarf er den Stahlturm, der auf die Idee seines Mitarbeiters und Ingenieurs Koechlin zurückgeht. Eiffel starb 1923 in Paris.

Während der zweijährigen Bauzeit kam kein Arbeiter ums Leben. Die Arbeiten gingen ruhig und sicher voran. Leitern (rechts) verbanden die Bauabschnitte. Auch heute können die Besucherinnen und Besucher zu Fuß zur ersten und zweiten Plattform aufsteigen.

fertigt. Vor Ort montierten etwa 200 Männer die Elemente mit Nieten aneinander. Ein Jahr nach Baubeginn trafen die vier Pfeiler in der ersten Plattform in 58 Metern Höhe zusammen. Die zweite Plattform in 116 Metern und die dritte in 273 Metern über dem Meeresspiegel boten einen gigantischen Blick über die Stadt an der Seine. Über 1700 Stufen führen zur Spitze. Im März 1889 erreichte der Turm seine endgültige Höhe und wurde unter Jubel eingeweiht. Eiffel selbst hisste die Trikolore an der Turmspitze.

Sieben Millionen Francs

Um den Bau zu finanzieren, gründete die französische Regierung die „Société de la Tour Eiffel". Etwa fünf Millionen Francs plante die Gesellschaft als Kosten ein, sieben Millionen Francs wurden schließlich dafür ausgegeben. Mit dem Eintrittsgeld konnte ein Großteil der Summe bereits im Jahr der Eröffnung wieder beglichen werden. Während der Weltausstellung besuchten knapp zwei Millionen Besucher den Turm. Heute wird das Wahrzeichen jährlich von etwa zwei bis drei Millionen Touristen aus aller Welt bestiegen.

Die „Dame von Paris"

Seit den ersten Entwürfen spaltete sich die Öffentlichkeit in zwei Gruppen. Die einen äußerten sich begeistert über das „Meisterwerk der Eisenarchitektur", die anderen befürchteten eine Verschandelung mit der „schwindelerregenden Lächerlichkeit" der französischen Hauptstadt. Unter ihnen befanden sich Schriftsteller, Architekten und Komponisten, die zu Protestaktionen aufriefen. Am Ende überraschte der Turm mit seiner graziösen Ästhetik alle Gegner – und heute ist Paris ohne sein Wahrzeichen nicht mehr denkbar.

Das Wahrzeichen von Paris erhebt sich am Seineufer und beherrscht von allen Punkten aus gesehen die Silhouette der Stadt.

ALTER: 1931 erbaut
ZWECK: höchstes Haus seiner Zeit
HÖHE: 381 Meter, seit 1950 mit Fernsehturm 448 Meter

In den von Hochhäusern umgebenen Straßen von Manhattan erhebt sich das Empire State Building (rechts) mit seiner Art-Deco-Fassade. Die oberen Stockwerke sind zurückversetzt und entsprechen dem Zeitgeist ihrer Epoche. Im Inneren führen 1860 Stufen nach oben. Der Sieger des Wettlaufs, der hier jedes Jahr stattfindet, braucht etwa 20 Minuten für alle Stufen.

„New York ...
a city, that never sleeps."
Frank Sinatra, Sänger

DAS EHRWÜRDIGE EMPIRE STATE BUILDING

Zur Zeit seines Baus von 1930 bis 1931 galt das Empire State Building mit 381 Metern als das höchste Gebäude der Welt. In nur achtzehn Monaten wurden 102 Stockwerke aufgezogen. Deshalb präsentiert sich das Gebäude in der Eingangshalle als achtes Weltwunder. Und tatsächlich: In New York, der größten Ansammlung von Wolkenkratzern auf der Welt, gilt das Empire State Building als das berühmteste Gebäude und gehört zum absoluten Muss eines jeden New-York-Besuchs. Zwei Millionen Menschen befördern die Expressaufzüge jedes Jahr zur Aussichtsplattform, die mitsamt des berühmten Gebäudes noch heute in zahlreichen Filmen und Büchern verewigt wird.

STADT DER HOCHHÄUSER – MANHATTAN

Auf einer 20 Kilometer langen und vier Kilometer breiten Insel stehen die höchsten Wolkenkratzer der Welt. Hier, im Herzen New Yorks, liegt das Zentrum der Welt, erstreckt sich der Big Apple. Die Insel der Superlative mit den teuersten Grundstückspreisen und Modeboutiquen, den größten Gebäuden und den berühmtesten Straßen war noch bis vor hundert Jahren ein Stadtbezirk wie viele andere. Erst als der Ingenieur Elisha Otis einen Sicherheitsaufzug erfand, der auch hält, wenn das Tragseil reißt, und Bradford Lee Gilbert das erste Gebäude mit Eisenskelett baute, war der Weg für die Hochhäuser geebnet. Das zwanzigstöckige Flatiron Building an der Kreuzung zwischen Fifth Avenue und Broadway wurde 1901 gebaut und gilt als der älteste Wolkenkratzer von New York. Nach ihm schossen das Woolworth Building, das Chrysler Building und viele andere Hochhäuser, darunter das Empire State, in den Himmel. Heute prägen das Gesicht Manhattans vor allem die Türme des

Manhattan in New York – ein Stadtteil der Superlative mit den höchsten Gebäuden der Welt auf engstem Raum zu den teuersten Grundstückspreisen.
Das Empire State Building galt während seiner Konstruktion als das höchste Gebäude der Welt. Heute dominieren die Zwillingstürme des World Trade Centers (links) den Stadtteil Manhattan. Der größere Turm der beiden ist 412 Meter hoch. Rechts im Hintergrund ist Liberty Island mit der Freiheitsstatue zu sehen.

Das erste Hochhaus in neuer Bauweise mit Eisenskelett ist das Flatiron Building (oben) an der Kreuzung zwischen Fifth Avenue und Broadway. Das 1901 errichtete Bauwerk hat 20 Stockwerke und eine schmale Front, die dem Haus seinen Namen gab.

World Trade Centers, die bis 412 Meter hoch sind.

TERMINPLÄNE UND EINSATZLISTEN

Nach fünfzehn verschiedenen Entwürfen entschloss sich der Architekt William Lamb schließlich für den Plan, der ein Gebäude mit zurückversetzten Stockwerken und einer langen Mittelflucht vorsah. Die typische Fassade, die das Empire State als einen der berühmtesten Wolkenkratzer charakterisiert, geht auf die damaligen Bauvorschriften zurück. Eine gerade Fassade durfte – aus ästhetischen Gründen – nicht höher als 37,5 Meter sein.

Um den Entwurf auszuführen, mussten allein 61 000 Tonnen Stahlträger fest miteinander verbunden werden, um 102 Stockwerke in die Höhe zu ziehen.

Während in den oberen Bereichen die Stahlträger mit jeweils 800 rotglühenden Nieten pro Schicht miteinander verschraubt und verschweißt wurden, gossen in den unteren Etagen bis zu 38 Arbeitsgruppen gleichzeitig den Beton, setzten Fenster ein und vermauerten die Backsteine. Sechs Monate dauerte der Aufbau des Stahlgerüsts, der zeitweise in atemberaubender Geschwindigkeit vor sich ging. Genaue Terminlisten stellten sicher, dass jede Gruppe das passende Baumaterial zur richtigen Zeit erhielt. Dafür wurde jedes Bauteil mit einer Zahl markiert und mittels Drehkränen in das Stockwerk gehievt, von wo es eine kleine Eisenbahn direkt zur Arbeitsgruppe transportierte. Durch die täglichen Einsatzpläne und die ausgeklügelte

Die Aussichtsplattform des Empire State Buildings (oben) gibt einen atemberaubenden Blick auf die Insel frei und zieht jedes Jahr Millionen Touristen an. Aus Sicherheitsgründen wurde die Plattform zum großen Teil verstrebt.

Technologie konnte der gewaltige Wolkenkratzer mit dem Endgewicht von über 370000 Tonnen in zehn Tagen um 14 Stockwerke wachsen und in nur 18 Monaten fertig gestellt werden.
Expressaufzüge bringen jedes Jahr zwei Millionen Touristen in weniger als einer Minute in das achtzigste Stockwerk. Bis zum umglasten Aussichtspunkt im 102. Stockwerk fahren weitere Aufzüge. Von hier erhebt sich der Fernsehmast, der noch einmal die Höhe eines 22-stöckigen Hauses einnimmt und die charakteristische Silhouette des Empire State Buildings abschließt.

Schwindelfrei in grosser Höhe

Absolut schwindelfrei mussten die Arbeiter sein, die in hunderten Metern Höhe das Stahlskelett verankerten. In ihren Schichten, die in der Regel über 7,5 Stunden gingen, arbeiteten sie ohne Gehörschutz und Sicherungsseile. Vor allem Irokesen, die einst im Staat New York lebten, eigneten sich als Montagearbeiter. Ab den zwanziger Jahren kamen auch Mohawks aus einem Reservat nahe Montreal nach Manhattan und arbeiteten an den höchsten Gebäuden der Welt.

Fernsehtürme und Masten

Mehrere Architekten und Experten stellten sich 1973 die Aufgabe, mit dem CN Tower nicht nur den höchsten Turm der Erde zu konstruieren, sondern auch einen der schönsten. Den erst 1967 errichteten Ostankino-Turm in Moskau mit 533 Metern Höhe, einschließlich Antenne, galt es zu überbieten. Dafür entwarfen sie eine schlanke, elegante, 553,5 Meter hohe Turmkonstruktion, die sich auf eine dreibeinige Basis stützt. Und tatsächlich zählte der CN Tower lange Zeit als höchstes freistehendes Gebilde der Welt, das in die architektonische Geschichte einging. Heute hält der Mast von Radio Warschau mit 646,38 Metern den Rekord.

Die höchsten Gebäude der Welt

Zweifellos nehmen die Fernsehtürme und andere Konstruktionen wie der CN Tower, die Las Vegas Stratophere oder die Oriental Pearl in Shanghai in der architektonischen Geschichte einen Sonderplatz ein. Offiziell zählen sie jedoch nicht zu den höchsten Gebäuden der Welt. Zwei Gründe sprechen dagegen: Sie bestehen nicht aus einzelnen, begehbaren Stockwerken und dienen nicht zum Wohnen oder Arbeiten. Die höchsten Bürotürme und Wolkenkratzer der Erde, die diese Rekorde halten, bauen ihre Höhe auf hunderten Geschossen auf. Zu ihnen zählen die beiden Petronas Towers in Kuala Lumpur, die 452 Meter in den Himmel ragen und den Rekordhalter Sears Tower in Chicago mit 443 Metern ablösten. Gegenwärtig wird im indischen Jabaipur ein 677 Meter hoher Bürokegel errichtet, der knapp unterhalb der kritischen Höhe von 700 Metern bleiben soll. Höhere Gebäude gelten aus statischen Gründen mit den heute verfügbaren Materialien als nicht realisierbar.

Der CN-Tower in Toronto galt bis vor wenigen Jahren als der höchste Turm der Welt. Da er sich nicht aus bewohnbaren Stockwerken zusammensetzt, gilt er auch nicht als „Gebäude". Der Ausblick aus 351 Metern Höhe ist dennoch atemberaubend.

BETONSEGEL VOR SYDNEY

Es gehört zu den auffälligsten Gebäuden der Welt: das Opernhaus von Sydney. Seit seiner Erbauung gilt es als eines der Wahrzeichen für den gesamten australischen Kontinent. Mit seinen muschelförmigen Dächern und verglasten Fronten versprüht es einen besonderen Charme. Immerhin 14 Jahre dauerte der komplizierte Bau, für den zahlreiche Spezialisten völlig neue Bauverfahren entwickeln mussten.

„Ein Opernhaus, das zu einem der ganz großen Gebäude der Welt werden kann."
Preisrichter der Ausschreibung, Sydney, 1957

ALTER: 1959–1973 erbaut
ZWECK: Kulturzentrum und Konzertsäle
GRÖSSE: 67 Meter hoch, fünf Säle, insgesamt 5467 Plätze

Der geschichtsträchtige Boden einer schmalen Landzunge sollte zum Standplatz eines der berühmtesten Bauwerke werden. Der Bennelong Point war nach dem Ureinwohner benannt worden, der die Einwanderer auf ihren Segelschiffen in der Bucht von Sydney empfing und ein Freund des ersten Gouverneurs der Kolonie war. Hier sollte sich ein Opernhaus erheben, für den der Premierminister von New South Wales im Jahre 1955 einen Wettbewerb ausschrieb. 233 Architekten aus 32 Ländern nahmen daran teil. Die kühnen Entwürfe des recht unbekannten dänischen Architekten Jørn Utzon überzeugten die Jury. Utzon entwarf ein Kunstzentrum mit Dächern wie sich im Wind blähende Segel. Nach langen Debatten in Sydney stand fest: Der Bau sollte sieben Millionen Dollar kosten und 1963 eingeweiht werden.

Die Oper von Sydney, das Wahrzeichen der Stadt, mit der Hafenbrücke im Hintergrund. Nachts strahlen hunderte Lampen das Bauwerk an, dessen Dächer an geblähte Segel erinnern.

Der Kleiderbügel Sydneys: Das frühere Wahrzeichen Sydneys, die Hafenbrücke, befindet sich ganz in der Nähe der Oper. Die Stahlbrücke erhielt aufgrund ihrer Form von den Einwohnern den Kosenamen „Kleiderbügel". Entworfen hat sie der australische Eisenbahningenieur John Bradfield, nach dem sie auch am Tage ihrer Einweihung im Jahre 1932 benannt wurde. Die 1150 lange, elegante Brücke schwebt am höchsten Punkt 135 Meter über dem Wasser.

Das Operngebäude liegt am Bennelong Point (oben), der nach einem australischen Ureinwohner benannt worden ist, einem Freund des ersten Gouverneurs der Kolonie.

Der Bau

Eine englische Baufirma unter dänischer Leitung übernahm den Bauauftrag. Im Jahre 1959 begann sie, tiefe Fundamente auszuheben und den Sockel des Gebäudes zu errichten. Erst 1964 liefen die Arbeiten an den Sälen an und 1965 wurde mit den Dächern begonnen. Doch die Entwürfe mit den elliptischen Paraboloiden, den großen Betonsegeln, waren nicht realisierbar. Deshalb schlug der Architekt vor, die Schalen nicht im Ganzen zu gießen, sondern aus einzelnen Betonrippen zu fertigen. 2194 Elemente mussten auf dem Baugrund in Gussformen hergestellt und in zwei Reihen aufgerichtet werden, so dass sie sich jeweils in der Mitte trafen. Klebstoff und Stahl verstärkte die Rippen, die Beton zusätzlich miteinander verband. Spezielle Keramikfliesen sollten die Außenhaut der Schalendächer bilden. Dafür wurden 4253 Elemente, die sich aus insgesamt 1056000 einzelnen, kleinen Fliesen zusammensetzen, direkt auf dem Dach in Form gebracht und auf der Rückseite mit Beton ausgegossen. Bolzen aus Phosphorbronze befestigten die großen Elemente auf dem Dach. Insgesamt nehmen heute die Dachsegel ein Gewicht von 161000 Tonnen ein und ragen bis zu 67 Metern Höhe in den Himmel. Auch die Verglasung der Vorderseite stellte die Ingenieure vor Probleme. Um die Vollverglasung durchzusetzen, stützen senkrechte Stahlstrukturen und bronzene Halteleisten die Glaswände. Über 2000 Fensterscheiben mit 700 verschiedenen Größen von 1,20 Meter bis 4,30 Meter erforderten damals bereits den Einsatz eines Computers. Die durch Kunststoff verbundenen Doppelscheiben, deren beide Schichten die Außengeräusche abfangen und die Druckgefahr verringern, liegen in Silikon eingebettet. Das äußere Erscheinungsbild prägen noch die Entwürfe des Architekten, der sich danach aber aus dem Bauvorhaben zurückzog und den Innenausbau aus der Hand gab.

Der Innenausbau

Bei der Innenarchitektur, die als eine Art neue Gotik bezeichnet werden kann, gingen die Ansprüche auseinander. Tatsache ist, dass im gesamten Operngebäude aus Platzmangel keine großen Opern aufgeführt werden können – und der Name „Opernhaus" nicht dem Gebäude und seiner Nutzung entspricht. Unter den Muscheldächern steht dem Publikum ein Kulturzentrum mit fünf Sälen zur Verfügung: für Opern, Konzerte, Theateraufführungen, Kammermusik und Ausstellungen. Die größere der beiden Konzerthallen eignet sich mit ihren 2690 Sitzplätzen vor allem für symphonische Aufführungen, während die zweite Halle, die 1547 Sitzplätze bereithält, zwar Opern ermöglicht, jedoch eigentlich für das Schauspiel vorgesehen war. Große Orchestergraben und ausreichende Bühnentechnik sind in beiden Hallen nicht

vorhanden. Doch einige Superlative hat auch die Inneneinrichtung aufzuweisen: Hier hängen die größten Theatervorhänge der Welt, Spezialanfertigungen aus Wolle mit Sonnen- und Mondmotiven und insgesamt 93 Quadratmetern Fläche. Außerdem steht hier die größte mechanische Orgel der Welt mit 10 500 Pfeifen. Fünfzehn Jahre Bauzeit und enorme Kosten sind das Fazit eines der faszinierendsten Bauvorhaben der Gegenwart. Nach ursprünglich veranschlagten sieben Millionen schnellten die Ausgaben auf 102 Millionen australische Dollar. Im Oktober 1973 eröffnete Königin Elisabeth II., das Oberhaupt des Commonwealth, endlich das Operngebäude von Sydney, das viele als das schönste Bauwerk des 20. Jahrhunderts bezeichnen.

Fünf Säle beherbergt das Operngebäude (ganz oben), das eher als Kulturzentrum bezeichnet werden kann. Hier finden neben Konzerten, Opern und Schauspielen auch Lesungen und Kunstausstellungen statt. Die Dächer (oben) schieben sich optisch ineinander.

MÜNCHENER OLYMPIASTADION

Eines der ungewöhnlichsten Dächer der Welt bedeckt den Münchener Olympiapark, Europas größten Sport- und Freizeitpark. Er entstand für die weltgrößten Sportspiele, die 1972 in München stattfanden. Doch bis heute ist das berühmte Zeltdach mit 56 Masten und der filigranen Struktur aus Stahl und Plexiglas in seinen Ausmaßen unübertroffen.

IM ZEICHEN DER OLYMPIADE

Als 1966 die 20. Olympischen Spiele vergeben wurden, wählte das Internationale Olympische Komitee die Stadt München zum Austragungsort. 1972 sollten hier die größten Sportspiele der Welt stattfinden, obwohl München keine erwähnenswerten Sportbauten besaß. Doch der Platz für die Olympiabauten stand fest: ein großes, brachliegendes Feld im Zentrum der Stadt.

In einem nationalen Architekten-Wettbewerb, den die Stadt 1967 ausrief, wurde der passende Gestaltungsentwurf ermittelt. Auflage war, einen olympischen Komplex mit kühner Eleganz und Leichtigkeit zu schaffen, der Landschaft und Architektur verbindet und somit „Spiele im Grünen" ermöglicht. Als Sieger gingen die Stuttgarter Architekten Günter Behnisch und Partner hervor, die auch das Zeltdach vorstellten, das als gestalterische und technische Pionierleistung zu einem Bestandteil der Weltarchitektur aufstieg.

In den kommenden Jahren entstand neben dem 290 Meter hohen Olympiaturm ein Ensemble moderner Stadien und Sporthallen, das Olympiadorf, die Pressestadt und das Pressezentrum. Ein rund 80000 Quadratmeter großer See, ein Forum, weite Rasenflächen, Alleen, Baum- und Buschgruppen machten den Olympiapark bis heute zu Europas größtem Sport- und Freizeitpark.

ZELTDACH MIT SPANNKRAFT

Rund 75000 Quadratmeter Plexiglasplatten sind für die Transparenz des Daches verantwortlich. Mit bis zu drei Metern Seitenlänge

Der Blick vom Olympiaberg auf die Anlage zeigt links das Olympiastadion, dann auf der rechten Seite die Olympiahalle und anschließend die Schwimmhalle.

ALTER: 1972 erbaut
ZWECK: Olympiaanlage, Sportzentrum, Europas größter Sport- und Freizeitpark
GRÖSSE: 75000 Quadratmeter Plexiglasplatten, 80000 Quadratmeter großer See, 289,53 Meter hoher Olympiaturm

Die Dachkonstruktion (links) der Stuttgarter Architekten Günter Behnisch und Partner gehört aufgrund ihrer Einzigartigkeit zur Weltarchitektur.

„Architektur ist das Alphabet von Giganten. Sie ist das größte System von Symbolen, das je für die Augen von Menschen gemacht wurde.“
Gilbert K. Chesterton

und nur 4 Millimetern Dicke sitzen die einzelnen Platten in Leichtmetallschienen mit Neoprendichtungen, die genügend Bewegungsfreiheit zulassen. Diese Vorrichtungen werden von einem Kabelnetz gestützt, das mit insgesamt 137 000 Stahlbolzen im Dach verankert ist und das Gesamtgewicht auffängt. 210 Kilometer Stahlseile waren für die straff ineinander verknotete Konstruktion erforderlich, die wiederum von 56 Pylonen und Masten zwischen 7 und 80 Metern Höhe getragen wird. Im Olympiapark überspannt das Zeltdach die Olympiahalle, die Schwimmhalle, die Fußgängerzone und die Stadien und bewirkt somit die optische Einheit des Komplexes.

Das Olympiastadion

Achtzigtausend Menschen erlebten am 26. August 1972 den Einmarsch der 121 Mannschaften durch das Marathontor. Seitdem ist das Olympiastadion immer wieder zum nationalen und internationalen Mittelpunkt geworden. Hier wurden ebenso begeistert Rekorde bei Meisterschaften und Länderkämpfen gefeiert wie bei Open-air-Festivals, von den Rolling Stones über Michael Jackson bis zu den drei Tenören. Doch vor allem Fußballspieler treten immer wieder im großen Stadion des Olympiaparks auf, dessen Rasen zu jeder Jahreszeit nutzbar ist, wofür eine Art Heizung unter dem Spielfeld sorgt. Da allerdings nur eine Seite bedacht ist, sieht der mögliche Neu- und Umbau die Überdachung des gesamten Stadions vor. Dafür soll im Bereich der Ostseite ein neues flaches, transparentes Glas-Stahl-Hängedach entstehen. Außerdem sollen die Zuschauerzahlen aufgestockt werden. Statt der bisher 61 000 könnten bei der Fußball-Weltmeisterschaft im Jahre 2006 etwa 66 000 Menschen, darunter auf 1000 Business Seats und 5100 Presseplätzen, die Spiele verfolgen.

Der Olympiaturm

Als erstes Bauwerk der Anlage konnte der Olympiaturm bereits am 22. Februar 1968 eingeweiht werden. Der 289,53 Meter hohe Turm dient der Fernsehübertragung und ist eine viel besuchte Touristenattraktion und ein Wahrzeichen Münchens. Etwa zwei Millionen Besucher besteigen jedes Jahr die beiden Lifte, die mit einer Geschwindigkeit von 7 Metern pro Sekunde zur Aussichtskanzel

56 Masten (linke Seite, unten) tragen die aufwändige Dachkonstruktion. An ihnen ist das Kabelnetz befestigt, das die Plexiglasplatten (unten) stützt. Die Besonderheit der Konstruktion des Zeltdaches aus durchsichtigen Platten wird zu jeder Tageszeit deutlich. Im Abendlicht verleiht es dem Olympiastadion (links) ein exotisches Flair.

fahren. Hier und auch im Drehrestaurant auf 182 Metern Höhe mit seinen 230 Sitzplätzen bietet sich ein hervorragender Rundblick auf München, sein Umland und bei günstiger Witterung auf die Alpenkette vom Salzkammergut bis hin zu den Allgäuer Alpen. Seit seiner Eröffnung besuchten 32,3 Millionen Menschen den 52 500 Tonnen schweren Koloss.

HOHE AUSGABEN – HOHER FREIZEITWERT

1,94 Milliarden Mark kosteten die Olympischen Spiele in München. Doch davon musste nicht nur der gesamte Olympiapark, sondern auch alle Außenanlagen und die Verkehrserschließung bezahlt werden. Zwei Drittel der Ausgaben kamen durch die Einnahmen des Organisationskomitees, durch den Verkauf der Olympia-Münzen und Lotto-Toto-Einsätze herein. Die restlichen 590 Millionen Mark teilten sich der Bund, der Freistaat Bayern und die Landeshauptstadt München. Dass sich die Ausgaben gelohnt haben, beweisen die Besucherzahlen: Insgesamt 132,5 Millionen Menschen nahmen seitdem an den 7400 sportlichen, kulturellen und kommerziellen Veranstaltungen teil, an 26 Welt- und 11 Europameisterschaften, 77 deutschen Meisterschaften, Konzerten, Shows, Faschingsfesten, Zirkusgastspielen oder Ballettaufführungen. Täglich trainieren etwa 2000 Sportler im Olympiapark, und an schönen Wochenenden spazieren bis zu 30 000 Menschen durch die Anlagen.

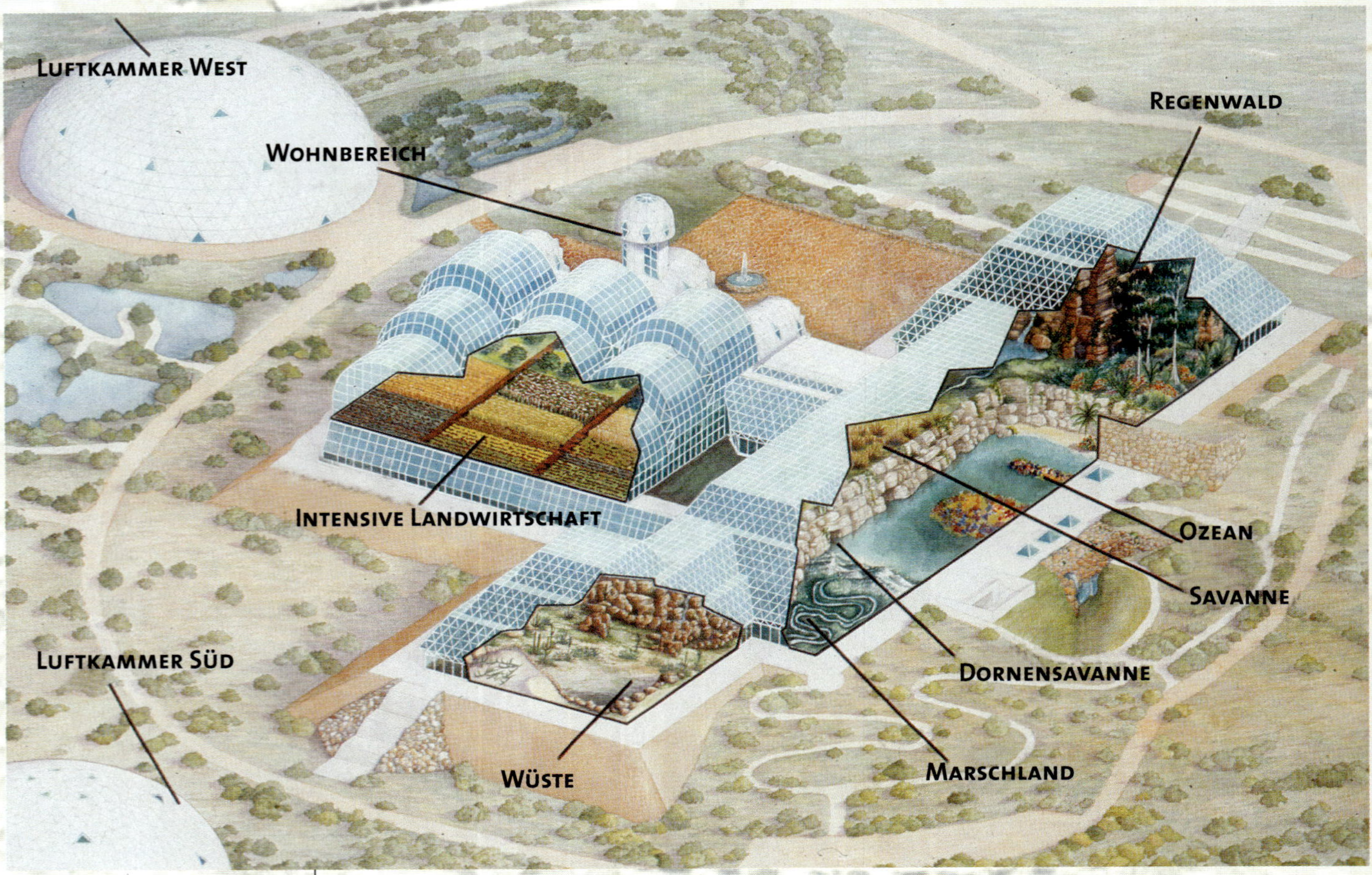
Luftkammer West
Wohnbereich
Regenwald
Intensive Landwirtschaft
Ozean
Savanne
Dornensavanne
Luftkammer Süd
Wüste
Marschland

WELT UNTER GLAS: DIE BIOSPHERE 2

Riesige Glashäuser mit einer Fläche von 1,2 Hektar überspannen in der Wüste von Arizona die größten geschlossenen und künstlich angelegten Ökosysteme. Sie wurden dort im Jahre 1987 erbaut, um die gesamte Nahrung, Luft und Wasser für acht Menschen zu produzieren, die im Versuchssystem überleben sollten. In zwei Missionen von 1990 bis 1994 verbrachten männliche und weibliche Wissenschaftler bis zu 24 Monate in den hermetisch abgeschlossenen Glashäusern. Seit 1996 dient die gewaltige Anlage der Columbia University als ökologisches Laboratorium.

DIE ERDE UNTER GLAS

Die „Biosphere 2" wurde als eigenständiges ökologisches Experiment konzipiert. Ihren Namen erhielt das Großprojekt in Anlehnung an die Erde: Sie ist die Biosphere 1, auf der wir leben und die von uns gnadenlos ausgebeutet wird. Ihre Nachahmung auf kleinem Raum, die Biosphere 2, sollte zeigen, wie die Erde arbeitet – und wie der Einfluss des Menschen auf sie wirkt. Die gewaltige Glas- und Stahlkonstruktion steht in Oracle, im US-amerikanischen Bundesstaat Arizona. Fünf komplette Ökosysteme und zwei Lebensbereiche entwarfen die Forscher und Ingenieure unter der Leitung des Wissenschaftlers John Allen, um die ökologischen Aktivitäten der Erde widerzuspiegeln: Ozean, Wüste, Savanne, Regenwald, Marschland sowie einen Bereich für intensive Landwirtschaft und einen Wohnbereich.

ERSTE VERSUCHE

Bereits 1985 standen die ersten Entwürfe und Konstruktionen für das Forschungscenter fest. Die Organisation „Space Biosphere Ventures" (SBV) des Texaners Edward Bass

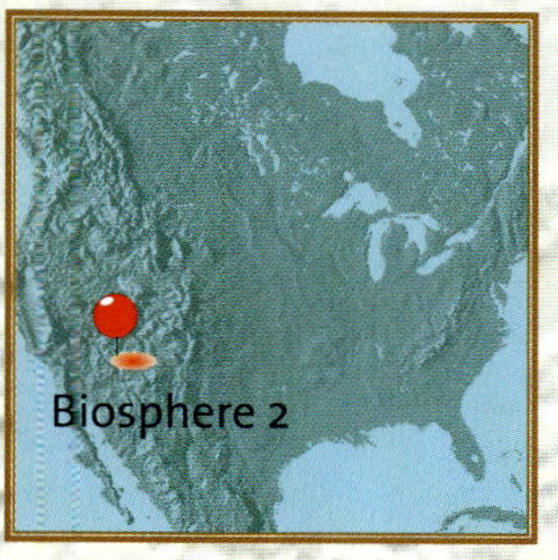

ALTER: 1987 erbaut
ZWECK: Nachbildung der Ökosysteme der Erde zu Forschungszwecken, größtes künstliches, geschlossenes System
GRÖSSE: 1,2 Hektar

Im Süden der USA, in der Wüste von Arizona, steht das größte Glashaus-Laboratorium der Welt (linke Seite) und vereint alle Ökosysteme der Erde unter einem Dach. Die runden Luftkammern, die so genannten Lungen der Biosphere 2, dienen dem Druck- und Luftausgleich des geschlossenen Systems. Der Bereich der intensiven Landwirtschaft (links), der ungefähr 1800 Quadratmeter innerhalb der Biosphere einnimmt, lieferte alle Nahrungsmittel, die von den Wissenschaftlerinnen und Wissenschaftlern während ihrer Missionen gebraucht wurden. Die Langzeitergebnisse beweisen, dass eine ertragsreiche und Umwelt schonende Landwirtschaft ohne chemische Zusätze und Pestizide möglich ist.

„Die Biosphere 2 ist ein Laboratorium des 21. Jahrhunderts. ... Niemals vorher gab es eine derart geschlossene Struktur, in der untersucht werden kann, wie das Leben auf der Erde als Gesamtsystem wirkt und wie es die menschliche Beteiligung beeinflusst."

Dr. John B. Corliss, Forschungsleiter Biosphere 2

unterstützte das Projekt mit 30 Millionen Dollar, das im Endeffekt 200 Millionen Dollar kosten sollte. In zwei Workshops wurde das Konzept der sieben Biome und drei Agrarbereiche von den beiden Teams der ökologischen und technischen Designer entwickelt. Die ersten Testmodule der „Biosphere" begannen. Pioniere der Feldforschung auf dem Gebiet der geschlossenen ökologischen Systeme trafen sich auf einem Kongress in London sowie Vertreter der NASA, Russlands und Europas erstellten ein Überlebensprogramm für die „Biosphere 2", die bis 1987 vollständig kalkuliert worden war.

DER BAU

Die Konstruktion stellte die Ingenieure und Architekten vor eine große Aufgabe. Um den Anforderungen gerecht zu werden, war eine spezielle Verstrebung notwendig. Zunächst wurde ein Betonfundament gegossen, das vollkommen frei von giftigen Zusatzstoffen sein sollte, damit sie später weder die Bodenergebnisse verfälschen noch beeinflussen konnten. Auf einer Verkleidung aus rostfreiem Stahl erhebt sich die komplizierte Stahlstruktur, in die speziell beschichtete Glasscheiben eingesetzt wurden. Wie eine Art Raumfachwerk zieht sich das System in Pyramidenform über die künstlichen Landschaften, während die Bereiche für Wohnen und Intensivlandwirtschaft ein Tonnengewölbe tragen. Die versiegelten Glasoberflächen sollen den Luftaustausch mit der Außenwelt verhindern. Nur einmal in einhundert Jahren darf sich die Luft komplett erneuern. Trotz aller Isolation tauscht jedes normale Gebäude mehrmals am Tag die Luft vollständig aus. In der Biosphere liegt der Wert um tausend Prozent niedriger als in gängigen Hochhäusern mit großen Fensterfronten. Über 1000 Sensoren senden ihre Daten dem Überwachungssystem, das für die Simulation des Wetters verantwortlich ist. Der von Pflanzen erzeugte Sauerstoff reichert die Luft an. Das Wasser des künstlichen, zehn Meter tiefen Ozeans verdunstet, steigt nach oben und wird von Kühlschlangen abgekühlt, so dass es kondensiert.

3800 Pflanzen und Tiere, von Vögeln über Reptilien bis Insekten, wurden ausgewählt und das System für den ersten Versuch versiegelt. Einhundert Prozent des Wassers und der Luft kamen aus einem genau berechneten Kreislauf, die gesamte Nahrung von 140

Nutzpflanzen. Allein die Energie zum Antreiben der technischen Systeme wurde von der Außenwelt geliefert.

Die erste Mission

Nachdem verschiedene Wissenschaftler mehrere Tage und Wochen während der Testphasen in den Glashäusern zur Probe wohnten, startete das längste Experiment in der Geschichte der geschlossenen Laboratorien am 26. September 1991: Acht Wissenschaftlerinnen und Wissenschaftler aus den Vereinigten Staaten, England und Belgien, vier Männer und vier Frauen im Alter zwischen 29 und 69 Jahren, zogen für 24 Monate in das Glashaus ein. Millionen Menschen weltweit verfolgten an den Bildschirmen das Ereignis. In der Biospherianer-Crew, die sich wie eine Expedition strukturierte, war jeder für spezielle Arbeiten aus den Bereichen Botanik, Landwirtschaft, Ökologie, Ingenieursentwicklung und Kommunikation verantwortlich. Ihre Aufgaben unterteilten sich in die Leitung und Durchführung bestimmter Forschungen in den separaten Biomen, in die Koordinierung der technischen Systeme, den Anbau und die Ernte der Nahrungsmittel und die Herstellung der täglichen Mahlzeiten. Nach zwei Jahren konnten sie auf hunderte Testergebnisse verweisen. Sie lebten von der gleichen Luft, recycelten sämtliche Abfälle, hielten die Bodenfruchtbarkeit hoch, verwendeten nur biologische Düngung und Schädlingsbekämpfung an den Pflanzen, vergifteten weder Wasser noch Boden und stellten ihre Nahrung selber her – ohne die Umwelt zu schädigen. Damit hatten sie bewiesen, dass ein friedliches Leben auf der Biosphere 1, der Erde, möglich sein könnte.

Das Laboratorium der Universität

Nachdem eine zweite Crew in einer Mission bis 1994 weitere wichtige Ergebnisse in der ökologischen Forschung gebracht hatte, übernahm die Columbia University das größte Glaslaboratorium der Welt. Seither erfahren Studenten der verschiedenen biologischen, geologischen und agrarwissenschaftlichen Richtungen in Seminaren, wie die Erde funktioniert.

Doch auch für Besucher werden die Testmodule und eine Mini-Biosphere geöffnet. Jede Stunde zeigen Filme und Multimedia-Präsentationen, wie die „Biosphere 2" arbeitet – und wie die ersten acht Menschen zwei Jahre eingeschlossen im Glashaus überlebten.

Die einzelnen Ökosysteme wie das Marschland (linke Seite, oben), Regenwald (linke Seite, unten) oder die Savanne (rechts) dienten den Untersuchungen der einzelnen Missionen. Während der Monate überwachten die Biospherianer die Geburt eines Baby-Galago im Regenwald, studierten die Unterschiede im Korallenriff, untersuchten die Kohlendioxidbewegungen in der Atmosphäre, unternahmen Bodenuntersuchungen und sammelten Material für zahlreiche Konferenzen zu ökologischen Themen, die während und nach den Tests stattfanden.

Wie ein Segel im Meer erhebt sich der teuerste Hotelturm der Welt vor der Küste Dubais. Abends lassen Lichtspiele die Vorderfront erstrahlen, manchmal lächelt auch der Präsident huldvoll von der Fassade herab. Die Anreise zum Hotel ist nur per Helikopter oder Stretchlimousine möglich.

BURJ AL ARAB: ARABISCHER LUXUS IN DUBAI

Als das neue Wahrzeichen von Dubai erhebt sich der Burj al Arab – der arabische Turm – vor der Küste Dubais. Mit 321 Metern Höhe gilt er als das höchste und teuerste Hotel der Welt. Gerade 60 Meter überragt das einstmals höchste Gebäude der Welt, das Empire State Building in New York, das Luxushotel. Sieben Sterne erhielt das Burj al Arab für seinen außergewöhnlichen Pomp und Service.

GIGANTISCHER TURM

Auf einer künstlich aufgeschütteten Insel, die 280 Meter vor der Küste liegt, entstand das Luxushotel in fünfjähriger Bauzeit rund um die Uhr. Um die ausgefallene Konstruktion im weichen Meeresboden sicher verankern zu können, mussten 250 Pfeiler bis zu 40 Meter tief in den Erdboden gerammt werden. 9000 Tonnen Stahl und 40000 Quadratmeter Glas verschlang der Bau.

SERVICE MIT SIEBEN STERNEN

1500 Mitarbeiter kümmern sich um die Gäste des Hotels. Von den insgesamt 202 Suiten ist keine kleiner als 165 Quadratmeter. Die größte Suite, die Königssuite, liegt im 26. Stockwerk, erstreckt sich über 780 Quadratmeter und besitzt eine Kuppel aus Blattgold. Für 15000 Dollar pro Nacht stehen dem Gast zu seiner eigenen Lounge zwei Schlafzimmer, Arbeitszimmer und Esszimmer, eine kleine Küche für den Butler und ein Privatkino zur Verfügung. Blattgold, Brokat, Samt und Seide bilden die Hauptmaterialien der Dekoration. Die neuesten Technologien von Videokameras über TV bis zum Internetzugang zeichnen jede der Suiten aus.

Im 18. Stockwerk lädt der Erholungsbereich mit riesigem Pool und Liegeräumen – streng nach Geschlechtern getrennt – zur Erholung ein.

ALTER: erbaut 2000
ZWECK: Hotelturm mit sieben Sterner
GRÖSSE: 321 Meter Höhe, 202 Suiten

Drei Restaurants und Bars reichen Gerichte der obersten Luxusklasse. In das Fischrestaurant gelangen die Gäste mit einem speziellen Fahrstuhl, der ihnen eine U-Boot-Fahrt durch das Meer zum vermeintlich unterirdisch gelegenen Esstempel suggeriert, der in Wirklichkeit nur ein Stockwerk tiefer liegt.

„Ist das nötige Geld vorhanden ...“
Bertolt Brecht, 1930

Nachts erleuchten vier gigantische Gasflammen den Eingang des architektonischen Wunderwerkes. Feuer galt in Arabien seit jeher als Zeichen der Gastfreundlichkeit. In Bonbonfarben erstrahlt auch die Fassade des Hotels. Statusgemäß kann der Luxustempel nur mittels Stretchlimousine oder in direktem Helikopteranflug zum Dach des Hotels erreicht werden.

RESTAURANTS DER SPITZENKLASSE

In den drei verschiedenen Restaurants gibt es internationale Küche der edelsten Art. In der Hauptküche entwickeln 140 Köche aus 50 Nationen ausgefallene Menüs und Gerichte für Bankette, das Essen und den Roomservice. Außer Datteln wird alles importiert. Gemüse, Obst, Fleisch oder Hummer werden aus allen Kontinenten über Nacht eingeflogen und stehen damit täglich frisch auf der Speisekarte. Rund um die Uhr erstellen Konditoren hauseigene Pralinen und verzieren Speisen und Dekorationen mit Blattgold.
Im Lobby-Restaurant stehen jedem Tisch drei Kellner für Getränke und Speisen zur Verfügung. Zum Fischrestaurant, in dem es ausschließlich Meeresfrüchte gibt, gelangen die Gäste mit einem „U-Boot". Dafür suggeriert der Fahrstuhl eine Unterwasserfahrt durch die Tiefen des Meeres – wackeln und „gefährliche Havarien" inklusive. Zum Restaurant, das in 210 Metern Höhe einen atemberaubenden Blick auf Dubai eröffnet, wurde der schnellste Fahrstuhl Arabiens gebaut.

LUXUSSTADT DUBAI

Dubai ist die größte Stadt der Vereinigten Arabischen Emirate. Sie hat den einzigen natürlichen Hafen der Küste und den größten künstlich erstellten Hochseehafen der Welt. Dies macht die Stadt am arabischen Golf zu einem wichtigen Handelszentrum. Die moderne Metropole lebt von ihren Soukhs und Basaren, wo der Goldschmuck zum Tagespreis erworben werden kann. Wassertaxis führen auf dem zehn Kilometer

In der Empfangshalle leuchten tausende Lampen, Gold, Edelsteine und der angestrahlte Brunnen um die Wette und versetzen die Eintretenden in eine Szene, die wie eine Mischung aus orientalischem Märchenpalast und moderner, leicht überladener Architektur wirkt. Die Powerfontäne stößt 32 Meter bis zur 7. Etage aus.

langen Binnenkanal „Dubai Creek“ durch die Altstadt.
Dubai ist neben dem allgegenwärtigen Luxus und den vielfältigen Basaren auch durch seinen Tourismus bekannt. Das Klima bildet die ideale Basis für Wassersport, Safaris oder Golfspielen. Seit 1988 werden hier die PGA Desert Classics veranstaltet.

Arabische Geschichte

Erst 1971 schlossen sich die Fürstentümer auf der östlichen arabischen Halbinsel zu einem Staat zusammen. Durch die enormen Erdölvorkommen gelangten die Vereinigten Arabischen Emirate zu großem Reichtum. Früher lebten die nomadisierenden Beduinenvölker von der Viehzucht oder dem Perlenhandel und zogen mit Kamelherden durch die Wüste. Heute versuchen die Fürstentümer neben der Erdölförderung den Tourismus als Einnahmequelle zu etablieren. Neben Konferenz- und Tagungszentren für Geschäftsleute entwickelte sich ein Luxushotel-Tourismus, der Wüstenabenteuer und Wassersport mit abendlichem Komfort der Spitzenklasse verbindet.

Die 202 Suiten sind mindestens 165 Quadratmeter groß und mit kostbaren Materialien, Seidenstoffen, Brokat und Blattgold (oben) verziert. Insgesamt wurden 10 000 Quadratmeter Blattgold im gesamten Hotel verwendet.
Jede Suite verfügt über Internet, TV. Größere Suiten bestehen aus zwei Etagen mit eigenem Treppenaufgang (links) und besitzen ihr eigenes Privatkino.

LEBEN IM WELTRAUM: DIE INTERNATIONALE RAUMSTATION ISS

An Bord der Internationalen Raumstation ISS (rechts), an der die USA, Russland, Europa, Kanada und Japan beteiligt sind, leben ständig Menschen an Bord, um Experimente und Untersuchungen für die Eroberung des Weltalls durchzuführen.

ALTER: Baubeginn 1998, fertig 2003
ZWECK: größte internationale Raumstation aller Zeiten
GRÖSSE: 1300 Kubikmeter Ausdehnung, 108 Meter lang, 80 Meter breit, 455 Tonnen schwer

„Wir werden für immer Menschen im Weltraum haben, erst im Orbit um die Erde, dann auf dem Mars, auch wieder auf dem Mond und in Stützpunkten auf Asteroiden."

Daniel Goldin, Behördenchef der NASA, November 2000

Das Automatische Transferfahrzeug (ATV), hier beim simulierten Anflug zur Raumstation (ganz oben), dient als von Europa konstruierter Raumschlepper zur Versorgung der ISS mit Nutzlasten, Treibstoff und Proviant.

Das Mannschaftsrückkehrfahrzeug (oben) wurde von ESA und NASA konstruiert, um im Notfall bis zu sieben Menschen von der Raumstation zur Erde zurückzubringen.

Die Internationale Raumstation ISS wird nach fünfjähriger Bauzeit auf der Erde und Montage im All mit über 100 Metern Länge, 400 Tonnen Gewicht und der Ausdehnung eines modernen Fußballstadions die größte Struktur sein, die jemals im All errichtet worden ist. Seit November 2000 leben und arbeiten die ersten Astronauten in der gigantischen Weltraumstation, die in 400 Kilometern Höhe die Erde alle 90 Minuten umkreist.

INTERNATIONALES PROJEKT

Bis zur ersten ASTP-Kopplung im Jahre 1974 verliefen die Wege in der bemannten Raumfahrt der beiden Weltmächte Amerika und Sowjetunion streng getrennt. Die Annäherung und die anschließende Verbindung mit dem gemeinsamen Flug stellte das erste internationale Projekt auf diesem Gebiet dar. Danach folgten Flüge der Space Shuttles mit internationaler Beteiligung und Besuche auf der russischen Weltraumstation MIR. Mit dem Aufbau der Internationalen Raumstation „International Space Station", kurz ISS, soll das Zeitalter der permanenten Kooperation der raumfahrenden Nationen im Weltall eingeleitet werden.

Bereits 1984 begann die Planung für eine internationale Raumstation, als sich Europa, Japan und Kanada dem Entwicklungsprojekt der NASA anschlossen. Im Jahr 1993 wurde Russland der fünfte Partner dieses nun weltweit größten wissenschaftlich-technischen Gemeinschaftsvorhabens, das je in Angriff genommen wurde. Etwa 50 Weltraumflüge und zahlreiche „Weltraumspaziergänge" der Besatzungen werden notwendig sein, bis auf der ISS alle notwendigen Module, Laborgeräte und Systeme verbunden sind. Der Zusammenbau begann mit einer Raumfahrtmission im Dezember 1998, bei der das russische Modul „Saria" mit dem amerikanischen Modul „Unity" verbunden wurde. Von den Startzentren überall auf der Welt befördern Weltraumfähren und Raketen wie die Sojus, Proton und das Spaceshuttle die verschiedenen Module, Komponenten und Astronauten ins All.

Am Ende des Zusammenbaus im Jahre 2003 werden sich über 1300 Kubikmeter Ausdehnung sechs Labormodule mit erdähnlicher Atmosphäre, ein Versorgungsfahrzeug und ein Notfahrzeug, aber auch eine Passagierkabine von der Größe zweier Jumbojets erstrecken.

EUROPAS PARTNERSCHAFT

Mit den USA, Russland, Kanada und Japan entwickelte und baute die europäische ESA die „International Space Station", die in den kommenden Jahren Astronauten verschiedener Kontinente als Forschungsstützpunkt dient. Europas Anteil ist ein wissenschaftlich-technisches Mehrzwecklabor namens „Columbus". Mindestens zehn Jahre lang soll dieses Laboratorium kontinuierliche Experimente ermöglichen. Das im wesentlichen

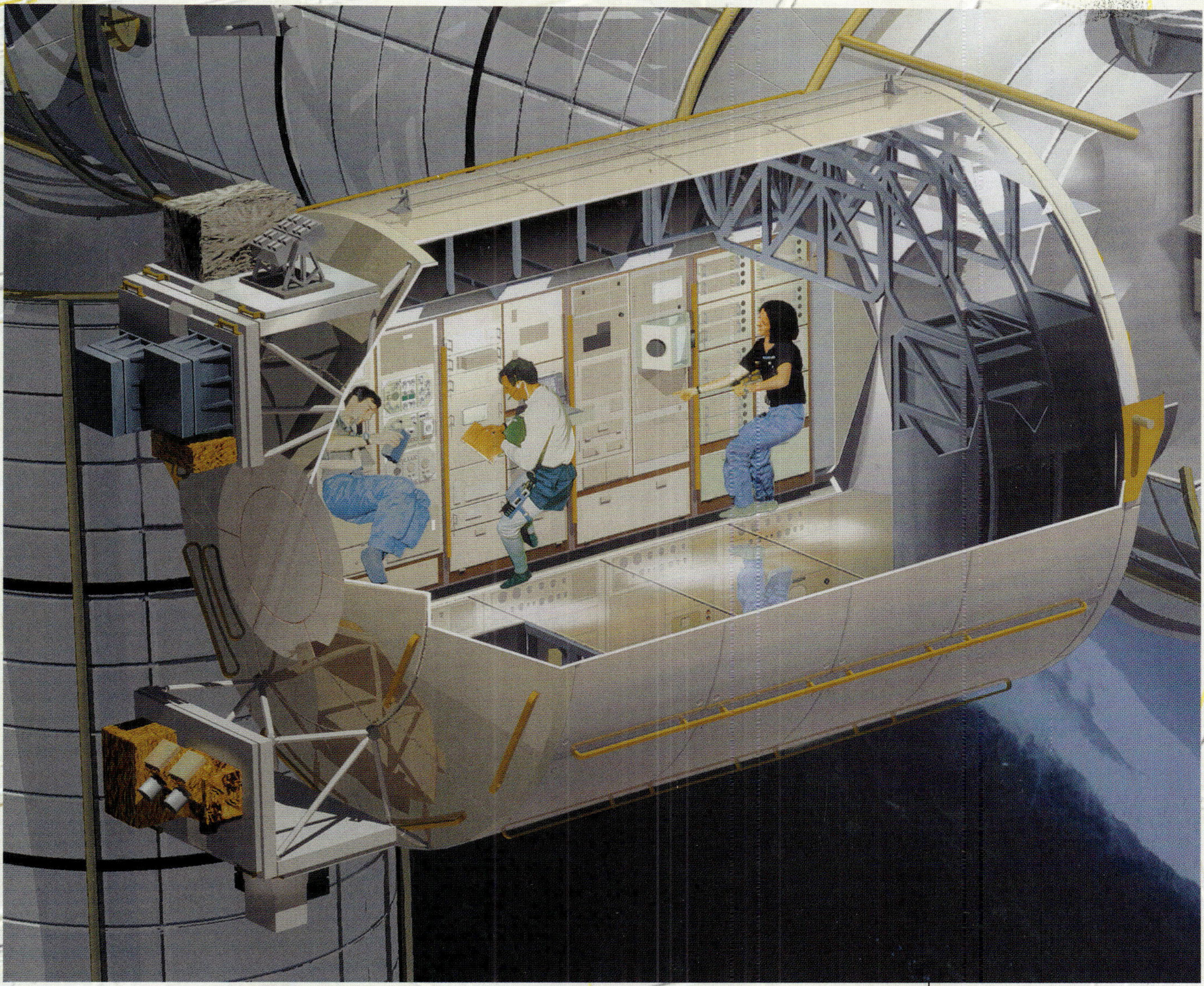

zylindrische Columbus-Modul mit 6,7 Metern Länge und 4,5 Metern Durchmesser ist an vier Wänden mit speziellen Schränken ausgestattet. An der Außenseite sitzen Sensoren zur Beobachtung von Erd- und Himmelsobjekten. Die ESA entwickelt außerdem einen mit Ariane-5 zu startenden Raumschlepper zur Versorgung der Raumstation. Daneben kommt aus Europa hochwertiges wissenschaftliches und technisches Gerät für die Labormodule der amerikanischen NASA und der japanischen und russischen Raumfahrtagenturen.

Die erste Bordbesatzung

Die ersten drei Langzeitbewohner nahmen am 30. Oktober 2000 Kurs auf ihr neues Zuhause. Vom russischen Weltraumbahnhof Baikanur starteten der US-Kommandant William Shepherd sowie seine russischen Kollegen Sergej Krikaljow und Juri Gidsenko mit dem Raumschiff Sojus. Zwei Tage später dockten sie an der ISS an, doch bis dahin fielen sie in einen planmäßigen Schlaf. Von der Bodenstation der NASA im texanischen Houston aus wurde die Ankunft der Dauerbesatzung mit dem Einschalten der Lebenserhaltungssysteme und der Luftreinigung vorbereitet. 117 Tage blieb die erste Besatzung im All.

Umlaufbahn und Positionierung

Die ISS bewegt sich auf einer Umlaufbahn in etwa 300 bis 450 Kilometern Höhe mit einer Geschwindigkeit von 28 000 Kilometern pro Stunde. Obwohl die Dichte in dieser Höhe weniger als ein Zehnmillionstel des Wertes auf Meeresspiegelhöhe beträgt, ist die ISS

Die Montage des europäischen Labormoduls Columbus ist für das Jahr 2003 geplant. Jährlich sollen hier 500 Experimente durchgeführt werden.

durch die Restatmosphäre einem Reibungswiderstand ausgesetzt. Die Umlaufbahn sinkt dadurch im Laufe von zwei bis drei Monaten nach und nach ab. Auch Sonnenfleckenaktivitäten und Energieausbrüche auf der Sonne lassen die atmosphärische Dichte in der Umgebung der ISS ansteigen. Um diesen Höhenverlust auszugleichen, sind „reboost"-Systeme notwendig. Eines dieser Systeme, das „Automates Transport Vehicle" (ATV) entwickelte die deutsche Raumfahrtbehörde Dasa. Das ATV dockt dabei an die Station an und hebt sie auf die korrekte Höhe.
Die Fluglage wird anhand der Sonne, der Sterne und des Erdhorizonts ermittelt und mithilfe von Kreiselstabilisatoren, deren Schwungräder bis zu 10000 Umdrehungen pro Minute erreichen, korrigiert. Permanente Signale von jeweils vier der 24 vorhandenen Satelliten des weltweiten Ortungssystems GPS (Global Positioning System) werden in ihren Laufzeiten gemessen und liefern damit exakte Daten über die Geschwindigkeit und Position der ISS.

TEURES PROJEKT

Schätzungsweise 120 Milliarden Mark soll das größte technische Gemeinschaftsprojekt der Erde kosten. Auch das Forschungslabor „Destiny", das im Februar 2001 von der Raumfähre Atlantis zur ISS gebracht wurde, kostete drei Milliarden Mark. Dabei nimmt das knapp neun Meter lange, silberfarbene Modul in Form einer riesigen Coladose einen entscheidenden Platz ein. Ohne das modernste Forschungslabor im All könnten die nächsten Missionen nicht starten, denn es fungiert als eine Art Nervenzentrum für die gesamte Station. Über die superschnellen Computer an Bord kann die NASA-Bodenstation mit den Bewohnern besser kommunizieren, den Koloss im All leichter steuern und damit einen Teil der Kontrolle von der russischen Raumfahrtbehörde übernehmen. Wie kompliziert die Manöver sind, macht die Tatsache deutlich, dass allein drei Außeneinsätze der Shuttle-Besatzung notwendig waren, um die Atlantis an die ISS anzudocken.

FORSCHUNGEN

Dank der im Weltraum herrschenden besonderen Umgebungsbedingungen kann die Internationale Raumstation als vielseitig einsetzbares Laboratorium, als Prüfstand neuer Technologien und als Einrichtung für fortgeschrittene medizinische, biologische und werkstoffeigenschaftliche Forschung genutzt werden. Eine breite Palette experimenteller Arbeiten von der Grundlagenforschung bis zur Entwicklung von Technologien und kommerzieller Produkte wartet auf die Crew. Viele Untersuchungen werden sich mit dem Einfluss der Schwerkraft auf biologische, physikalische und chemische Prozesse befassen. Wissenschaftlerteams können Stoffe in ihrer reinsten Form und Vorgänge untersuchen, die auf der Erde wegen der Wirkung der Schwerkraft nicht nachvollziehbar sind. So werden unter anderem Polymere für eine Vielzahl von Produkten von Anstrichfarben bis Kontaktlinsen, Halbleiter für Hochgeschwindigkeitsrechner und -elektronik, Hochtemperatur-Supraleiter für elektronische Bauelemente und Spezialkristalle für medizinische Zwecke Gegenstand der Untersuchungen sein. Aber auch die Ausstrahlung präziser Zeit- und Datumssignale über das GTS-Gerät, das Globale Übertragungsgerät, Diebstahlschutz für Kraftfahrzeuge und die Kodierung von Chipkarten gehören zum Aufgabengebiet der ISS. Obwohl viele Experimente vollautomatisch ablaufen, müssen die Astronauten sie überwachen, um gegebenenfalls einzugreifen. Neben den Experimenten im Dialog mit den Wissenschaftlern auf der Erde müssen sie auch die Raumstation warten und den Betrieb aufrechterhalten. Auch Probleme treten immer wieder auf, vom Ausfall des Zentralcomputers bis zum Umgang mit Weltraumtouristen: Im Frühjahr 2001 erkaufte sich ein Amerikaner für 20 Millionen Dollar einen Privataufenthalt im russischen Modul der ISS.

Die Ariane-5 wird unbemannte Versorgungsfahrzeuge wie das ATV auf den Weg zur Raumstation ISS bringen.

Alltag im All

Auch auf der Internationalen Raumstation bestimmen die biologischen Bedürfnisse den Alltag der Astronauten. Nach dem Wecken um 8 Uhr amerikanischer Zeit steht die Morgentoilette mit Duschen oder Waschen an. Das Frühstück aus der Mikrowelle besteht aus Milch, Salat und Obst. Eine sechsköpfige Crew benötigt pro Jahr etwa 20 Tonnen Vorräte. Die Hälfte der Zeit füllen wissenschaftliche und technische Aufgaben aus. Die minutiöse Planung, die so genannte Timeline, sorgt für den optimalen Ablauf der Experimente. Über ihr wissenschaftliches Programm informieren sich die Astronauten bereits am Vorabend über Laptop. Nach der Vorbereitung und Durchführung werden die Experimente an das wissenschaftliche Bodenpersonal „übergeben", das vom Kontrollzentrum oder vom Labor aus die Experimente permanent fernüberwacht und steuert. Über Relaissatelliten können dafür große Datenmengen kontinuierlich hin- und hergeschickt werden. Unterbrochen wird die Arbeit der Astronauten durch regelmäßige Trainingseinheiten auf dem Laufband oder Ergometer. Zur Auflage gehören mindestens zwei Stunden Sport pro Tag, da sich ansonsten die Muskeln zurückbilden und die Knochensubstanz abnehmen kann.

Jeder Astronaut besitzt einen eigenen Bereich im Wohnmodul mit Schlafstelle und Platz für persönliche Dinge. Zahlreiche Fenster bieten einen Ausblick auf die Erde oder den Sternenhimmel. Einen doppelten Zweck erfüllt die „Cupola" mit den 360-Grad-Panoramafenstern: Die Plattform erleichtert nicht nur Erdbeobachtungen und Fotodokumentationen, sondern hält auch einen unbeschreiblichen Blick auf das Universum breit.

STICHWORTVERZEICHNIS